세 계 최 고 EMBA 에 서 배 우 는
최고경영자과정

왜 EMBA 이론을 배우는가?

실천
비즈니스
전략 매뉴얼

야마사키 유지 · 오카다 미키코 공저 ㅣ 송수진 옮김

시간을 쪼개고 수면을 줄여가면서
그들은 왜 이렇게까지 필사적으로 배우는 걸까

정답이 아닌 오답을 찾는다

비즈니스의 실무지식과
문제해결 방법에 대한 모든 것!

북플러스

세계 최고 EMBA에서 배우는

실전
비즈니스
전략 매뉴얼

야마사키 유지 · 오카다 미키코 공저
송수진 옮김

북플러스

세계적인 전문가들은 어떤 방법으로 두뇌를 훈련했을까?

일하면서 주변을 둘러보면 한 걸음도 나아가지 못하고 제자리걸음만 하는 사람, 매출을 늘리지 못해 뒤처지는 사람이 있는가 하면 남들보다 빨리 승진한 동료도 있고, 사업으로 성공한 CEO들도 있다.

경력의 차이가 크지 않은 동기들 중에도 똑같은 24시간이 주어지는데, 왜 결과물이 다를까 싶을 정도로 생산성이 높은 사람도 있다.

그들은 획기적인 서비스를 기획하고 히트 상품을 연달아 쏟아낸다. 누구에게나 똑같은 하루 24시간이 주어지고, 사용하는 시간도 비슷한데 왜 이렇게 큰 차이가 나는 것일까?

그 이유를 곰곰이 생각해 보면 인풋$^{in-put}$의 양과 질이 다르다는 사실을 알 수 있다. 생산성이 높은 사업가와 이야기를 나눠 보면 풍부한 지식을 보유하고 있는 경우가 많다. 근무시간에 질 높은 성과를 올리는 것도 중요하지만, 그 질을 높여주는 것은 근무시간 외의 인풋, 즉 공부의 양과 질이다.

그렇다면 생산성이 뛰어나고, 일의 성공률이 높은 사람들은 구체적으로 무엇을 배울까?

사업가가 공부한다고 하면 영어나 IT계의 스킬을 떠올릴지도 모르지만 그런 것은 한낱 도구에 지나지 않는다. 좀 더 본질적인 학문에 시간을 투자하지 않으면 사업가로서 능력을 향상시킬 수 없다.

이 본질적인 학문이란 단순히 MBA 이론뿐만 아니라 '위기 상황에서 판단을 내리는 기술'이나 '자신의 인격을 객관적으로 파악하는 능력' 같은 것으로, 단순한 지식이 아닌 비즈니스에 필요한 지적 능력을 길러준다.

GE, 마이크로소프트, 구글······ 프로들의 집합소

이 책에서는 성공한 사람들이 어떻게 비즈니스 전략을 훈련했는지 자세히 소개하려 한다. 특히 세계 제1선에서 활약하는 비즈니스 엘리트나 경영진들이 공통적으로 배우는 것을 소개할 예정이다.

일본에서는 찾아보기 힘들지만 미국 등지에서는 우수한 비즈니스 엘리트들이 바쁜 업무 시간을 쪼개 학교에 다니며 비즈니스 공부를 한다.

그들은 새로운 이론이나 발상을 인풋In-put하지 않으면 사업가로서의 레벨이 떨어진다는 강한 위기의식을 지니고 있다.

현역 비즈니스 엘리트들이 가장 선호하는 교육기관은 EMBA, 즉 Executive MBA(최고 경영자 과정)이다.

이 책은 야마사키와 오카다의 공동 집필 형식인데, 두 사람은 EMBA 동창생이다. 야마사키는 도시바와 게이트웨이에서 프로덕트 매니저로 근무한 뒤, 모바일용 소프트웨어 벤처에 참여했지만 사업은 실패했다. 그 뒤, IT계 기업의 미국법인에서 시니어 프로덕트 매니저로 근무했다. 그리고 캘리포니아 공과대학에서 테크놀로지 마케팅을 전공한 뒤, EMBA에서 매니지먼트에 대한 공부를 했다.

오카다는 리크루트그룹에서 기업용 채용 컨설팅, 개인용 커리어 카운슬링, 사업개발, 영업기획 등 다양한 일을 했으며, EMBA에서 경영 공부를 했다. 현재는 리더십으로 유명한 미국계 글로벌 대기업에서 HR(인사) 매니저를 담당하고 있다.

두 사람이 다닌 UCLA-NUS의 EMBA는 미국 캘리포니아대학 로스앤젤레스 캠퍼스(UCLA)와 싱가포르국립대학(NUS)이 공동 운영하는 프로그램으로, 옥스퍼드대학, 켈로그대학 등과 함께 EMBA로서는 세계 톱5 안에 든다.

수강생들의 국적은 16~20개 국, 인종도 다양하다. 무엇보다 그들의 경력이 아주 독특하다. GE, 마이크로소프트, 구글, 유니레버, P&G, DHL, 액센츄어, 보잉 같은 글로벌 그룹의 제너럴 매니저 혹은 CFO(최고 재무책임자)부터 스타트업 기업의 경영자나 투자자, 아시아 신흥 IT 기업의 전략담당 책임자, 싱가포르나 말레이시아의 정부 관계자, 한국 재벌그룹의 후계자뿐만 아니라 의학박사까지 있으니 (인종의 도가니가 아닌) 커리어의 도가니라고 할 수 있다.

그들은 모이기만 하면 "싱가포르에서 어디에 투자해 몇 십 억을 벌었다.", "중국에서 준비하고 있는 신흥 비즈니스에 대해 어떻게 생각해?" 같은 이야기를 주고받는다. 세계 비즈니스의 최전선에 있는 사람들의 집합소라고 해도 과언이 아니다.

성공하기 위해 가장 필요한 '안목(식견)'은 무엇일까?

EMBA에서는 이런 야심찬 경영진들과 함께 공부하는 동시에 시카고, 켈로그, 스탠포드 같은 다른 톱 EMBA에서 공부하는 비즈니스 엘리트들과도 인맥을 쌓아 계속 정보를 주고받는다.

세계가 플랫화되면서 원하기만 하면 글로벌한 비즈니스 기회를 얼마든지 손에 넣을 수 있는 시대이다. 세계 톱 엘리트들은 무슨 생각을 하고, 무슨 고민을 하고, 무엇을 배우고 싶어 할까?

전 세계에서 모여든 그들은 1~2년 동안 바쁜 시간을 쪼개고 수면 시간을 줄여가면서까지 대체 무엇을 배워 비즈니스에 활용할까?

그런 생각을 하다 보니, 그들이 배우고자 하는 테마에는 몇 가지 공통점이 있다는 사실을 깨달았다.

재무, 회계, 통계학 같은 기초 지식도 필수항목이지만 특히 그들이 원하는 것은 '리더십', '협상', '테크놀로지 매니지먼트', '안트러프러너십(Entrepreneur기업가 정신)', '마케팅', '글로벌 비즈니스' (특히, 아시아 비즈니스) 등 6가지로 나눌 수 있다.

　　이 과목은 일반 MBA 커리큘럼에서도 배울 수 있다. 하지만 제1선에서 활약하는 세계 톱 엘리트들은 더 높은 곳에 오르기 위해 반드시 배워야 하는 과목이라고 생각하고 수업에 진지하게 임한다. 그런 의미에서 리더로서 성공하기 위한 필수항목이라고 할 수 있다.

　　거꾸로 말하면, 이 분야를 정복해 두지 않으면 앞으로 세계에서 비즈니스를 성공시키는 데 지장을 초래할 수도 있다. 즉, 사업가들의 필수 교양인 셈이다.

충분히 경력이 많은 그들이 경험만으로는 부족함을 느끼고 더 공부하려는 이유가 뭘까? 그들과 함께 보고 듣고 배우면서 누구나 눈빛이 달라질 만한 전략적인 문제 해결 방법이나 사업가들의 두뇌 레벨을 새롭게 업그레이드할 만한 정보를 모아봤다. 모쪼록 오늘도 경영 일선에서 최선을 다하고 있거나 비즈니스에 사활을 걸고 계신 모든 분들에게 조그만 보탬이 되고자 한다. 감사합니다.

야마사키 유지

목차

「최단시간 내 결과를 도출하는
사고방식」을 가진다

프로페셔널한 학습 룰

일이든 공부든 '시간은 돈'으로 사고한다

정답이 아닌, 오답을 배운다

최고 프레젠터(presenter)의 대화술을 익힌다

실천
비즈니스
전략 매뉴얼

프로페셔널한 학습 룰

일이든 공부든
'시간은 돈'으로 사고한다

세계의 톱클래스 비즈니스 엘리트들이 무엇을 배우는지 이야기하기 전에 그들이 어떻게 배우는지부터 살펴보려 한다.

그들이 학습하는 모습을 살펴보면 어떻게 비즈니스를 성공시키는지 힌트를 찾을 수 있다.

그들의 스타일을 한마디로 표현하면 공부와 실천을 동시에 진행하는 것이다. 머리말에서도 미국 등지의 비즈니스 엘리트들은 일하면서도 공부를 게을리 하지 않는다고 이야기했는데, 그들에게 공부는 당연히 해야 하는 일이다.

그들은 시간은 돈이라는 인식을 뼛속까지 강하게 갖고 있다.

신입사원이라면 몰라도 위로 올라갈수록 경쟁은 치열해지고 자신의 뒤처짐에 초조해 한다. 한편 공부하는 데 쓸 시간이 적기 때문에 항상 공부와 실천은 동시에 진행한다.

그들의 자세는 MBA와 EMBA의 차이를 살펴보면 쉽게 이해할 수 있다.

MBA를 취득하려면 최소 1년, 길게는 2년 정도 일을 쉬고 학업에만 매달려야 한다.

자신의 커리어를 처음부터 쌓아가는 20대의 젊은이라면 그것도 좋은 방법이다.

하지만 이미 세계 제1선에서 활약하고 있는 비즈니스 엘리트에게 2년의 공백은 상상할 수 없는 일이다. 그 사이에 뒤처져 다시 따라잡는 데 몇 년이 걸릴지 아무도 모른다.

EMBA는 학교에 따라 기간은 다르지만 기본적으로 시간제 수업이기 때문에, 일반적으로 일을 하면서 집중적으로 수업을 받을 수밖에 없다. UCLA-NUS싱가포르 국립대학의 EMBA는 약 1년 반 동안 2주간의 프로그램이 6차례 진행된다.

2주 동안 응축된 수업이 진행되고, 수업과 과제의 연속으로 잠을 못 자는 날도 부지기수이다. 그 2주간의 수업을 마치면 각자 배운 것을 들고 비즈니스 현장으로 돌아간다. 그리고 3개월 뒤에 다시 돌아와 수업을 받는다.

수업 전 날까지 일을 하다가 비행기를 타고 와서 2주간 배우고, 돌아가면 바로 다음날부터 또 일을 하는 사람도 많다. 바로 공부와 실천을 동시에 진행하는 것이다.

고속 반복학습으로,
최대한 짧은 시간 안에 결과를 낸다
———

EMBA에서 수업을 들으면서 다른 수강생들의 Input에서 Output까지의 스피드감에 여러 차례 놀랐다. 실제 그들은 EMBA에서 배운 것을 바로 비즈니스 현장에서 실천하고, 새로운 성과와 과제를 들고 다시 배움의 장으로 돌아온다.

그 고속 반복 사이클은 어느새 당연한 것이 되어 EMBA에서는 그들이 실천한 사례를 소재로 교수, 강사진은 물론 학생들과 다함께 다양한 의견을 교환한다.

그런 생생한 리얼타임을 주고받기 때문에 EMBA의 강사진은 단순한 지식을 지닌 전문가만으로는 역부족이다. 따라서 EMBA의 강사진 중에는 실제로 사업을 하고 있는 사람도 많아 현장에 맞는 실천적인 어드바이스를 해주기도 한다. 반대로 현장 감각과 스피드감이 없는 강사라면 학생들이 학교 측에 클레임을 걸기도 한다.

이 스피드감과 생생한 의견 교환도 MBA와 EMBA의 차이라고 할 수 있다.

즉, EMBA에서는 자신의 체험담에 경험이 풍부한 교수와 학생들의 암묵지를 가미해 경험치와 식견을 두 배의 속도로 얻을 수 있는 사이클을 커리큘럼의 수만큼 1~2년(학교에 따라 기간은 다르다) 동안 회전시킬 수 있다. 이는 학습만으로도, 경험만으로도 얻을 수 없는 값진 성과가 될 것이다.

비즈니스 엘리트들은 수업 중에도 끊임없이 머릿속으로 '이번에 배운 것을 현장에서 어떻게 써 먹을까?', '어떤 비즈니스를 만들 수 있을까?', '얼마나 이익이 날까?'와 같은 생각을 한다.

그렇기 때문에 EMBA 수강생들은 현장에서 실천한 케이스(그것이 성공 사례이든 실패 사례이든)를 흥미진진하게 듣고, 날카로운 질문을 거침없이 퍼붓는다.

그들은 진지하게 배우고, 다른 사람들의 말을 경청하지 않으면 자신의 비즈니스를 확대하기 힘들다는 사실을 잘 알고 있다. 그리고 질 높은 Output을 내기 위해서는 Input의 질과 양을 늘리지 않으면 안 된다고 생각한다.

따라서 그들에게 학습을 위한 학습은 없다.

학습은 항상 실천과 한 세트이다. 현장에서의 피드백을 반복하면서 새로운 학습으로 이어진다.

공부하면서 비즈니스를 추진한다

———

여담이지만 EMBA의 세계 랭킹은 EMBA를 졸업한 뒤 얼마나 수입이 달라졌는지를 평가해 순위를 매긴 것이다.

이만큼 직접적인 지표도 없을 것이다.

EMBA 측도 학교에서 배운 것을 현장에서 실천해 큰 성공을 거두기 바란다.

당연히 EMBA는 그에 맞는 커리큘럼을 준비하고, 학생들끼리 네트워크를 구축해 새로운 비즈니스 기회를 만들 수 있도록 다각도에서 노력한다. 실제 교실 안에서 새로운 비즈니스가 탄생하는 경우도 종종 있다.

졸업생끼리 교류할 수 있는 장도 적극적으로 마련해주고 있다. "이런 비즈니스에 흥미 있는 사람은 이쪽으로 오세요.", "이런 과제를 안고 있는 사람은 모여 주세요."라는 식으로 문제 해결을 도와주거나 비즈니스 파트너를 매칭해주기도 한다.

또한 EMBA의 특징 중 하나는 학생들이 제1선에서 활약하며 폭넓은 네트워크를 가지고 있기 때문에 학생들의 소개로 다채로운 초청 연사의 강연을 들을 수 있다는 점이다. 스탠포드의 슬론 프로그램SLOAN PROGRAM(다른 학교의 EMBA에 해당한다)에 다닌 지미에 말에 따르면, 2008년 **리먼 금융쇼크**

가 한창이었을 때 시티뱅크의 CEO가 초청 연사로 와서 학생들에게 열변을 토한 적이 있다고 한다.

내(야마자키)가 다닐 때에는 CNN 싱가포르 지국에서 일하는 여성이 있었는데, 그녀의 소개로 대단한 초청 연사들의 강연을 들을 수 있었다. 그녀는 뉴스 프로그램에 등장하는 게스트를 섭외하는 일을 했기 때문에 평소에 하던 일을 그대로 EMBA에 적용한 것이다.

EMBA에서 배운 것을 자신의 비즈니스에 적용하는 것은 물론 자신의 비즈니스에서 얻은 리소스를 적극적으로 배움의 장에 가져와 서로의 메리트로 연결하는 것도 스피드를 중시하는 비즈니스 엘리트다운 학습과 비즈니스의 융합이라고 할 수 있다.

프로페셔널한 학습 룰

정답이 아닌,
오답을 배운다

세계에서 활약하는 엘리트들을 보면서 '대체 왜 그들은 이렇게까지 필사적으로 배우는 걸까' 하는 생각을 한 적이 있다.

그들은 이미 많은 경험을 쌓고, 다양한 비즈니스를 성공시킨 강자들이다. 그 경험 속에서 배운 것은 헤아릴 수 없을 테고, 앞으로 비즈니스를 하는 데도 그 직감과 경험이 큰 힘이 될 것이다.

그런데 일부러 짬을 내 EMBA에 진학해 학부나 MBA 수업에서도 다루는 기초적인 금융이론, 마케팅 분석, 행동 경제학 같은 과목도 절대 대충하지 않고 진지하게 배운다.

도대체 이유가 뭘까?

그들은 그 기초적인 학문에서 어떤 가치를 발견한 것일까?

이제 와서 무엇을 위해
'MBA 이론'을 배우는 걸까?

———

외국계 대기업 은행에 다니면서 EMBA에 진학한 S씨는 "자신이 기획한 새로운 금융상품이 성공할 수 있을지 항상 불안하다"고 했다.

책을 읽어도 확신이 서지 않고, 직장 상사에게 비결을 물어 봐도, 열심히 일을 하다 보면 알게 될 거라는 식으로 뭔가 개운치 않은 대답만 돌아왔다. 그래서 이론을 한 번 확실히 정리해야겠다는 생각에 EMBA에 진학했다고 한다.

EMBA에서 만난 한 벤처 경영자는 이런 말을 했다.

"기초 학문을 포함해 비즈니스의 다양한 이론을 배우는 것은 지금까지 자신의 경험칙이 맞았는지, 아니면 우연한 성공일 뿐이었는지 재확인할 수 있는 굉장히 중요한 과정이다."

이처럼 자신의 경험칙에 이론적인 뒷받침을 얻고 싶어 하는 비즈니스 엘리트들이 많다. 그들은 경험이나 직감에 의존하지 않고 확고한 이론을 배움으로써 판단의 스피드와 정밀도가 높아진다고 믿는다.

컨설팅 회사를 거쳐 벤처 캐피털리스트를 운영하고 있는 한 수강생은 20대에 MBA를 취득했는데, 당시에는 MBA 학위를 따는 게 목적이었다. 하지만 지금은 다르다. 자신이 운영하는 회사의 경영을 위해 다시 공부하고 싶다고 했다.

이를 테면, EMBA 수업에서도 캐즘^{chasm 첨단기술이론}, 과장광고곡선^{hype curve}, S커브, 롱테일 개념^{the long tail concept}(사소한 다수가 핵심의 소수보다 뛰어난 가치를 생산한다는 이론주), 블루오션 같은 다양한 마케팅 이론을 철저히 배운다.

지식만을 놓고 보면 학부나 MBA에서 배운 내용과 큰 차이는 없다.

하지만 글로벌 기업의 비즈니스 엘리트들이 모인 EMBA에서는 개개인이 가진 경험치가 압도적으로 다르기 때문에

"과거에 나는 이런 경우에 이런 판단을 했는데 이 이론을 알았더라면 같은 결론을 내리지 않았을 것이다.",

"예전에 경영 판단을 내리는데 힘든 적이 있었는데 이걸 알았더라면 그 시간을 단축할 수 있었을 것이다." 같은 자신의 경험에 근거한 생생한 의견과 체험담이 오간다.

혹은

"지금 나는 이런 경영 과제가 있는데 이 이론을 취하면 어떤 판단이 타당할까요?" 같은 문제를 제기하는 수강생이 등장하면, 교수와 다른 수강생들이 다함께 머리를 싸매고 문제 해결법을 찾는 경우도 종종 있다.

여기에서 또다시 학습(이론)과 실천이 세트가 된다. 즉, 그들은 자신의 직감이나 경험칙에만 의존하지 않고 확고한 이론을 배움으로써 좀더 질 높은 판단력을 몸에 익힌다.

정답은 없지만 오답은 있다

한 파이낸스 강의 중에 교수가 이런 말을 했다.

"금융 세계에 정답은 없지만 오답은 있다."

무심코 내뱉은 말이지만 실은 이것이 비즈니스 이론을 철저하게 배우게 되는 동기 중 하나라고 할 수 있다.

다음의 경우를 상상해 보자.

A, B, C라는 세 가지 선택지가 있고, 당신은 경영자로서 어느 하나를 선택해야만 한다. 냉정한 결단을 요구하는 장면이다.

이 판단에 필요한 이론을 제대로 배운 사람은 A, B, C 각각을 선택했을 때 1년 뒤의 캐시플로(현금흐름)가 어떻게 되고, 그에 따라 어떤 인적 과제나 문제가 생길 수 있는지 어느 정도 예측할 수 있다.

그런 만큼 판단의 정밀도와 스피드는 높아지고, 선택지를 검증하는 데 걸리는 시간, 노력, 비용은 감소시킬 수 있다. 이것은 상당한 메리트다.

경영진은 항상 냉정한 판단을 내려야 하는 압박감을 가지고 있다. 따라서 자신의 판단이 회사의 미래를 좌우하는 경우가 많다.

또한 부하 직원이 자신이 경험한 적 없는 분야의 제안서를 들고 올 때도 판단을 내리지 않으면 안 된다. 그런 일은 일상다반사이다. 이때, 자신이 잘 모른다는 이유로 제안을 거절하거나 잘 모르는 채 승인하는 일이 없도록 자신이 가진 지식으로 가설을 세워 올바르게 이해하고 판단할 줄 알아야 한다.

그들은 경험도 중요하지만 지식이 더해지면 얼마나 큰 도움이 되는지 잘 알고 있다. 그래서 그들은 기초적인 이론이라도 대충 하지 않고 필사적으로 배운다.

경험칙만으로
성공을 이어가기는 힘들다

이전에 금융계에 몸담고 있던 친구가 "계속 일을 잘하고 싶은데, 직감이나 경험칙만으로는 부족하다"라는 말을 한 적이 있다.

그는 "지금까지는 직감과 경험으로 어떻게든 견뎌왔지만 솔직히 말해 매일매일 조마조마해서 견딜 수가 없었다"고 말했다.

몇 백억, 몇 천억이라는 큰 단위의 돈을 움직이는 데 불확실한 직감에만 의존하다가는 언젠가 큰 손해를 입게 된다.

그런 위기감 때문에 그는 시카고대학의 EMBA에 가서 기초부터 응용까지 철저하게 금융에 대해 다시 배우기로 했다.

그는 일본 직장인들은 자신이 금융에 대해 잘 안다고 착각하는 경우가 많다고 지적했다. 이처럼 이론을 경시하고 직감과 경험에 의존하는 경향은 일본의 일반 직장인뿐만 아니라 사업가들 사이에서도 많이 나타난다.

하지만 냉혹한 세계적인 무대에서 일하면 일할수록 직감과 경험에만 의존해서는 안 된다는 사실을 깨닫게 된다.

또한 미국 등지에서는 어떤 사업이 실패했을 때 실패한 원인을 설명할 것을 요구한다. 실패 자체도 문제이지만 왜, 어떠한 이유로 실패했는지 제대로 설명하지 못하면 책임의 무게가 가중된다.

그런 의미에서도 리더들은 정확한 지식과 이론의 뒷받침을 가지고 정당한 판단을 내렸음에도 불구하고 예측할 수 없는 사유로 인해 실패했다(즉, 자신에게는 잘못이 없다)는 나름대로의 이론을 무장할 필요가 있다.

그래서 미국에서는 통계학이나 게임 이론 같은 학문이 발달했다. EMBA 강의를 들은 투자회사의 경영자도 "중요한 결단을 내릴 때는 디시전 트리(취할 수 있는 선택지를 전부 적어내는 나무 모양 그림)를 사용해 한다."라고 말했다. 이렇게 해두면 나중에 돌아봤을 때, 실패의 원인을 쉽게 찾을 수 있다.

회사를 옮기기 위해 면접을 볼 때에도 전 직장에서 이룬 것과 실패한 것, 그것을 어떻게 분석하고 그로 인해 무엇을 배웠는지, 앞으로의 계획 등에 대해 이론적으로 명확하게 설명할 수 있어야 한다.

이런 다양한 이유로 전 세계의 엘리트들은 자신의 직감이나 경험에만 의존하지 않고 정확한 지식, 이론에 대한 학습을 게을리 하지 않는다.

프로페셔널한 학습 룰

최고 프레젠터의
대화술을 익힌다

마지막으로 경영진의 프레젠테이션에 대해 이야기하고자 한다.

'효과적인 프레젠테이션을 하려면 어떻게 해야 할까?' 이는 전 세계의 비즈니스 엘리트들이 공통적으로 안고 있는 과제이다. 수준 높은 프레젠테이션을 하지 못한다면 세계 제1선에서 활약하는 것은 불가능하다고 봐야 한다.

일본 기업의 경우, 사장이나 프로젝트의 최고 책임자가 아닌 부하 직원이 프레젠테이션을 하는 경우가 종종 있다.

하지만 다른 나라의 기준에서 보면 이것은 있을 수 없는 일이다.

다른 나라에서는 중요한 프레젠테이션을 할 때는 반드시 톱이 메인 프레젠터가 되어 그 프로젝트의 가치나 개요에 대해 설명한다.(글로벌 기업에서는 어학의 벽을 뛰어넘어 자신의 말로 메시지를 전할 수 없으면 관리직이 될 수 없다)

물론 세세한 내용은 부하 직원이 설명하기도 하지만 그것은 어디까지나 부가적인 것으로 그 자리에 모인 사람들은 톱의 프레젠테이션을 들으러 오는 것이다.

그런 자리에서 톱이 프레젠테이션을 하지 않으면 사람들은 "왜 다른 사람이 하지?", "무슨 문제가 있나?" 하고 내용을 들여다보기도 전에 사장의 능력부터 의심한다.

큰 무대에서 비즈니스를 할 생각이라면 우선 이 상식부터 받아들이고, 자신의 프레젠테이션 능력을 키워야만 한다.

투자금을 모을 수 있는 대화술이란?

EMBA에도 물론 프레젠테이션 수업이 있다. 그 중에서도 투자가이자 몇 개의 벤처를 성공시킨 프레디라는 교수의 강의는 특히 인상적이었다.

"여러분이 사업을 시작하고 싶다면 당연히 투자가로부터 돈을 받아야 한다. 그 노하우를 내가 가르쳐주겠다."라는 말로 그의 수업은 시작됐다.

그의 포인트는 다음 두 가지에 집약되어 있다.

◉ 결정권을 쥔 사람이 어떤 상황에 있는지를 이해한다.
◉ 결정권을 쥔 사람이 알고 싶어 하는 것을 말한다.

굉장히 심플하지만 핵심은 다 들어 있다.

가장 먼저 결정권을 쥔 사람이 어떤 상황에 있는지를 파악해야 한다. 누구든지 자신의 시간은 귀중하다고 생각하기 때문이다. 사내이든 사외이든 상대방의 지위가 높아지면 높아질수록 바쁘고, 시간은 귀중하다고 생각하는 경향이 짙다.

때로는 상대의 1분은 억만금의 가치가 있다는 생각으로 대해야 할 상대도 있다.

즉, 아무리 대단한 내용이라도 시간이 오래 걸리는 프레젠테이션은 실격이다.

출자자를 찾는 벤처 기업가에게 종종 '엘리베이터 피치'(엘리베이터를 타고 있는 짧은 시간에 출자자를 설득할 수 있는 프레젠테이션) 훈련을 하라고 하는데, 이는 벤처 기업가에게만 해당되는 이야기는 아니다.

상대방이 경영진이라면 자사의 제품을 홍보하는 데 기껏해야 3~5분 정도밖에 시간을 내주지 않을 것이다. 그때 상대방이 괜찮다고 생각하면 다시 만날 약속을 잡게 되고, 20여 분의 시간이 추가로 주어진다. 그 자리에서 설득력을 가지고 이야기를 하면 더 많은 기회가 주어진다.

즉, 3~5분 사이에 임팩트 있는 프레젠테이션을 하지 못하면 본선에는 아예 오를 수도 없다.

또한 상대방에게는 매일매일 수많은 의뢰가 쇄도한다는 사실도 이해해야 한다. 당연한 이야기이지만, 상대방은 지위와 권력이 있는 만큼 자신뿐만 아니라 다른 사람들에게도 수많은 의뢰를 받는다. EMBA의 교수들에게도 매주 200건 이상의 투자 의뢰가 들어온다고 했다.

따라서 자신은 '원 오브 뎀'에 지나지 않는 사실을 의식하고, 프레젠테이션 내용에 (시간을 쪼개 들을 수 있을 만큼) 임팩트가 있도록 철저하게 준비해야 한다.

일본인은 프레젠테이션을 잘 못한다고들 하는데, 주로 쓸데없는 설명이 많고 임팩트가 약한 경우가 많다.

일본 기업의 프레젠테이션 자료를 살펴보면 문자가 많고 상세한 데이터를 게재하는 반면, 무슨 말을 하고 싶은 건지 바로 이해하기 힘든 경우가 많다.

이런 자료로는 원하는 것을 얻을 수 없다. 미국 사람들은 립서비스를 잘하기 때문에 "굉장히 대단한 프레젠테이션이었다", "내용이 충실했다"라며 앞에서는 웃는 얼굴로 칭찬할 수도 있다. 하지만 공모의 경우 초반 30초에 승패가 갈리는 경우가 많다.

다른 기업보다 뛰어난 부분을 찾아 그 포인트를 초반부터 강조한다. 이런 자세로 프레젠테이션에 임하지 않으면 상대방의 관심을 끌 수 없다.

얼마나 빨리
이익을 낼 수 있나?
———

결정권을 쥔 사람이 무엇을 알고 싶어 할지 생각해 보자.
다음 3가지가 중요한 포인트이다.

1. 얼마나 빨리 이익을 낼 수 있나?
2. 얼마나 유닉크(독특)한가?
3. 정말 실현 가능한가?

극단적으로 말하자면 이 3가지를 전하는 것이 바로 프레젠테이션이다.

비즈니스이기 때문에 얼마나 빨리 이익을 낼 수 있는지에 대해 설명하는 것이 무엇보다 중요하다. 프레젠테이션에서 이것이 빠진다면 이야기할 가치도 들을 가치도 없다. 프레젠테이션을 듣는 사람들은 항상 언제부터 얼마나 이익을 낼 수 있는지에 주목하고 있다는 것을 잊어서는 안 된다.

두 번째, 얼마나 독특한지는 앞에서 말한 임팩트라는 부분과도 겹친다. 경합과의 차별화, 지금까지 없던 새로운 결과물이라고도 할 수 있다.

이를테면, 세탁기를 팔 때 "이 세탁기는 기존의 제품과 전혀 다른 새로운 세탁기입니다. 세제가 전혀 필요 없습니다."라고 설명하면 누구나 흥미를 보일 것이다. 교통 시스템의 경우에 "현재 도쿄에서 오사카까지 2시간 반 정도 걸리지만, 이 시스템을 도입하면 45분 안에 도쿄에서 오사카까지 갈 수 있습니다."라고 하면 설득력이 있을 것이다. 프레젠테이션에서는 제품의 독특한 포인트를 간결 또는 명확하게 전달할 필요가 있다.

실현 가능성을
분명하게 제시한다

———

그리고 마지막으로 실현 가능 여부에 대한 것은 프레젠테이션을 듣는 누구나 느끼는 심플한 의문이다.

"이건 세계에 단 하나뿐인 ○○라는 서비스를 가능하게 만든 것입니다", "이 시스템이 완성되면 한 달에 30억 원을 벌 수 있습니다"라는 식으로 귀가 솔깃해질 만한 이야기하는 게 좋다.

하지만 이런 말을 듣는 순간 많은 사람들은 "그게 정말?", "실제로 가능해?" 같은 의문을 품는다.

그 질문에 대해 프레젠터는 "이미 우리는 ○○특허를 취득했습니다", "세계 톱3 안에 드는 엔지니어를 영입했습니다", "시장 테스트에서 검증을 마쳤습니다", "판매 루트를 이미 확보했습니다" 같은 실현 가능한 계획을 구체적으로 알려준다.

요약하자면 '지금 여기 이익을 낼 수 있는 신제품이 있는데, 이 제품은 기존 제품과 전혀 다른 아주 독특한 매력을 지니고 있으며, 여러 준비를 거쳐 실행도 가능하다. 이제 남은 건 단 하나, 당신의 결제(혹은 자금, 협력)뿐이다'라는 메시지를 전하는 것이 올바른 프레젠테이션이다.

이것은 투자 안건 같은 사외에서의 프레젠테이션에도 해당되지만, 사내에서 기획을 통과시킬 때에도 기본은 같다.

'얼마나 빨리, 얼마나 많이 벌 수 있는 지', '어떤 독특한 포인트가 있는지', '실현 가능한 것인지'를 설득력 있게 발표한다면 틀림없이 누군가가 달려들 것이다.

즉, 이 3가지 요소 중 하나라도 빠지면 아무리 내용을 쥐어짜도 결과는 달라지지 않는다.

EMBA에 다닐 때, 같은 반 수강생 중에 테크놀로지에 대해 박학다식하고 틈만 나면 자신의 기술이나 꿈에 대해 떠들고 다니며 여러 사람들에게 자신의 기획을 홍보하던 M이라는 인도 남자가 있었다. M의 이야기를 듣던 시카고에서 투자 회사를 운영하고 있는 프래디라는 또 다른 수강생이 프레젠테이션에 대해 충고하자 30장짜리 프레젠테이션 자료가 몇 장으로 확 줄어들어 훨씬 매력적인 제안서가 되었다.

졸업 후, M은 구글 안경 같은 카메라가 달린 선글라스와 SNS를 조합한 서비스 기획으로 킥스타터Kickstarter 같은 크라우드 펀딩으로 많은 투자금을 모을 수 있게 되었다.

정보를 최대한
축소한다

UCLA-NUS의 EMBA에서는 매년 모든 수업에서 프레젠테이션을 해야 한다. 사전에 연습하는 경우도 있지만 즉석에서 해야 하는 경우도 있다.

듣는 사람들도 진지하다. 매일매일 실전에서 갈고 닦은 실력자들 앞에서 요점 없는 프레젠테이션을 하면 그들은 인정사정없이 날카로운 질문을 던진다.

또한 프레젠테이션의 중요도가 높은 과제 중 '실습 과목practicum 실무'이라 불리는 약 1년에 걸쳐 이루어지는 팀내 컨설팅 프로젝트가 있다. 단위수도 많고, 졸업을 좌우하는 큰 프로젝트이다.

이 프로젝트의 미션은 5백만 원의 컨설팅 비용을 취득하는 것이다.

내(야마사키)가 속한 그룹에서는 일본 SNS회사의 간부를 대상으로 '인도에서 전개하는 비즈니스 플랜'에 대한 전략을 짜고, 프레젠테이션을 했다. 우리 팀 안에 인도 출신 멤버가 있었기 때문에 그 인맥을 활용해 포커스 그룹(고객에 친밀한 대상의 그룹)을 만들어 그룹 집단 토론하는 모습을 촬영, 편집하고, 그 외 시장 조사를 통해 자료를 만들어 프레젠테이션을 했다. 그리고 결국 500만원의 컨설팅 비용을 획득하는 데 성공했다. 해외 진출의 비즈니스 스키마(개요, 윤곽)로써 프레젠테이션이 높은 평가를 받았다.

물론 프레젠테이션은 교수의 다양한 조언과 지적을 통해 수정을 거쳐 완성되었다. 발표 전날 지도 교수에게 실전을 방불케 하는 프레젠테이션을 선보였는데, 교수는 10여 페이지의 프레젠테이션을 5페이지로 싹둑 잘라냈다. 많은 자료를 찾아 정리한 내용을 나름 10여 페이지에 응축했다고 생각했는데, 객관적으로 봤을 때 여전히 불필요한 정보가 들어 있었던 것이다. 프레젠테이션을 준비한 입장에서는 노력해서 힘들게 모은 정보를 버리기가 힘들었다.

당연한 이야기이지만 프레젠테이션을 듣는 사람들에게 그런 노력 따위는 그다지 중요하지 않다. 사람을 움직이려면 정보를 가능한 한 축소하고, 결론을 효과적으로 나타내야 한다.

또 다른 팀은 일본에서 택배회사로 유명한 대기업 운수회사를 상대로 프로젝트 비용을 획득했다. 그들은 싱가포르에 고급 브랜드가 늘어선 오차드 거리 내 물류 효율화 프로젝트를 제안해 채용되었다. 기업 입장에서는 500만원을 투자해야 하기 때문에, 실제 그들의 과제 해결에 도움이 되지 않는다면 아무런 의미가 없다.

수치는 머릿속에
저장해 둔다

———

다른 팀의 프레젠테이션도 많이 듣고 의견 교환을 했지만, 프레젠테이션이란 매력적인 내용뿐만 아니라 프레젠터(진행자)의 열의와 열정, 진심을 프레젠테이션에 담아 상대방을 감동시켜야 한다.

그렇게 하기 위해서는 구체적으로 자신이 하고 싶은 게 무엇인지, 프레젠테이션의 목적에 대해 깊이 생각해야 한다.

'사업을 하고 싶다', '업계를 바꾸고 싶다', '전 세계에 좋은 영향을 미치고 싶다' 같은 분명한 목적이 없으면 절대 좋은 프레젠테이션을 할 수 없다.

또한 전하고 싶은 말을 아주 심플하게 한다. 복잡한 내용은 과감히 삭제하고 청중들이 가장 이해하기 쉬운 부분을 부각시킨다.

프레젠테이션 중 수치나 조사 데이터 따위를 보여주려는 프레젠터들이 종종 있는데, 그런 숫자들은 머릿속에 저장해 두었다가 관련된 질문을 받았을 때 정확한 수치를 제시하며 답해준다. 사전에 모든 각도에서의 예상 질문을 철저히 준비한다.

마지막으로 열정을 가지고 자신의 플랜을 믿고 프레젠테이션에 임한다. 프레젠테이션 또한 사람끼리의 상호작용이기 때문에 결국 진심이 상대방을 움직이게 만든다. 따라서 프레젠테이션의 성패는 '**프레젠테이션의 내용** × **프레젠터의 인품(존재감)**'이라고 할 수 있다.

신뢰감, 설득력 있는 존재감 = 경영진의 존재감이다. 이 경영진의 존재감은 현재 글로벌 기업에서 가장 중시하는 부분이다.

1 장

모든 상대방을 움직이는
방법을 익힌다
큰일을 할 수 있는 리더십 사고

360도, 철저하게 자기 자신을 파악한다

최악의 딜레마를 벗어날 지혜를 키운다

압력? 보상? 수직화?… 어떻게 사람을 움직일까?

타인을 변화시키는 방법을 마스터한다

저항세력을 매트릭스화해 해결한다

실천
비즈니스
전략 매뉴얼

큰일을 할 수 있는 리더십 사고

360도, 철저하게
자기 자신을 파악한다

세계 제1선에서 활약하는 비즈니스 엘리트들이 원하는 스킬 중 하나는 리더십이다.

리더십은 모든 비즈니스의 공통 테마이며, 조직 구성부터 프로젝트 기획, 운영, 결과의 단계까지 전체 공정에 빠뜨릴 수 없다.

하지만 그만큼 중요한 데도 불구하고 리더십에 정답은 없다. 그래서 야심찬 비즈니스 엘리트들은 기를 쓰고 리더십에 대해 공부하지만 그 공부는 끝이 없다.

그렇다면 전 세계에서 활약하는 리더들은 어떻게 리더십을 배울까? EMBA의 커리큘럼을 참고 소개해 보려 한다.

자신을 알려면 어떻게 해야 할까?

리더십을 배우는 첫걸음은 자신의 리더십 스타일을 아는 것부터 시작한다.

자신이 어떤 리더인지, 어떤 경향인지 모르고서는 자신의 리더십을 보완할 수도, 강화할 수도 없다.

그래서 리더십의 첫 수업은 "당신은 어떤 리더인가?"라는 물음으로 시작한다.

UCLA-NUS의 EMBA에서는 리더십에 대한 첫 수업을 시작하기 전에 자기평가 및 주위 사람들(동료, 후배, 상사 등 10여 명)에게 다음과 같은 앙케트('다면 평가'라고 한다.)를 해오라는 과제를 내준다.

- 타인에게 존중받을 만한 행동을 하는가?
- 자신의 흥미, 관심을 뛰어넘어 팀의 이익을 위해 일하는가?
- 공통된 사명감의 중요성을 주장하는가?
- 자신이 중요하게 생각하는 가치관이나 신념을 말하는가?
- 목표를 달성할 수 있다는 확신을 표명하는가?
- 장래의 비전을 명확하게 제시하는가?
- 타인을 그룹의 한 사람이 아닌 인격적으로 대하는가?

◦ 개인마다 다른 니즈, 능력, 열정을 존중하는가?

◦ 코칭에 많은 시간을 쓰는가?

◦ 과제 해결을 위한 새로운 방법을 제안하는가?

여기에서는 10개 정도 예를 들었지만, 더 많은 질문사항에 대한 자기평가와 다른 사람들의 평가를 5단계 평가로 진행하고 그 자료를 바탕으로 첫 수업이 이루어진다.

수업에서는 이 결과를 과학적으로 분석한 자료를 받게 된다. 이 자료를 가지고 자기 자신의 인식과 주위 사람들의 인식의 차이 혹은 일치하는 포인트에 대해 교수와 일대일로 대화하거나 수강생끼리 열린 토론을 벌인다.

앞에서도 서술했지만 EMBA에는 글로벌 기업의 톱, 경영 간부, 시니어 매니저 같은 사람들이 모여 있다. 리더로서 이미 수많은 역경을 극복하고 성공한 사람들이다.

이미 성공할 만큼 한 사람들이 리더십에 대해 무엇을 더 배우는 걸까? 바로 자기 자신에 대해 아는 것이다.

실제로 직위가 올라가면 올라갈수록 자기 자신을 돌아볼 기회가 적기 때문에 리더 육성으로 유명한 미국의 어떤 기업에서는 자기 자신을 돌아보기 위해 멘토나 코칭 같은 제도를 인사 시스템에 도입했다. 이

멘토나 코치로는 사람들에게 깨달음을 주고, 인격적으로도 존경받을 만한 인물을 배치한다(상사를 멘토나 코치로 두면 자신의 약점을 보여주기 힘들기 때문에 제 역할을 할 수 없다).

자기 인식과 타인의 평가는
전혀 다르다

———

어느 글로벌 기업의 시니어 매니저를 맡고 있는 사람은 자신의 가치관이나 신념을 적극적으로 이야기하는 편이라고 말했지만, 다면평가를 분석해 보니 많은 부하 직원들은 그가 자신의 가치관이나 신념을 충분히 말하지 않는다고 대답했다는 결과가 나왔다.

또 다른 벤처 기업의 경영자는 팀 멤버를 개인으로 대한다는 점에 대해 자신감을 내비쳤지만 그가 생각하는 만큼 직원들의 평가를 받지는 못했다.

반대로 스스로는 잘 못한다고 느끼지만, 주위에서는 좋게 평가하는 경우도 있었다.

몇 가지 질문 항목에 대답함으로써 스스로의 리더십 스타일을 돌아보는 것. 그리고 같은 질문을 직장 동료들에게 물어봄으로써 주변 사람들의 피드백을 받는 것. 매우 심플하지만 리더로서 이 자료를 통해 얻을 수 있는 깨달음은 크다. 자기 인식과 타인의 평가의 갭을 이해하는 것은 자기 자신에 대해 알 수 있는 가장 좋은 방법이다.

압력을 받을 때 리더로서의 능력이 드러난다

———

EMBA에서는 자신이 리더로서 압력을 받았을 때 어떤 반응, 태도를 나타내는지에 대한 심리 테스트를 한다.

즉, 감정 컨트롤에 관한 테스트이다.

그 테스트 결과

- 주위 사람들에게 공격적으로 대한다.
- 의욕을 잃고 도망친다.
- 책임 회피를 한다.
- 금방 타협을 하고 상대방이 하라는 대로 한다와 같은 다양한 타입이 나왔다.

그 결과에 따라 교수가 충고를 해주기도 했다.

압박을 받았을 때 리더가 보이는 반응은 굉장히 중요하다.

사람들은 궁지에 몰릴수록 리더의 진가를 확인하고자 한다.

하지만 자기 인식을 제대로 할 수 있는 리더는 우리가 생각하는 것보다 훨씬 적다.

평소에는 온화하고 부하 직원들의 말에 귀를 잘 기울여주던 사람이 압박을 받으면 공격적으로 변한다면 부하 직원들은 더 이상 그를 신뢰하지 않을 것이다.

이런 경우 리더인 당사자는 부하 직원들의 이야기를 잘 들어준다고 생각하지만, 부하 직원들은 전혀 그렇게 생각하지 않는다. 여기에서 자기 인식과 타인의 평가의 갭이 벌어진다.

이런 상황에서는 당연히 리더십을 효과적으로 발휘할 수 없다. 어떤 상황에서도 리더십을 효과적으로 발휘하기 위해서는 압력을 받았을 때의 반응과 대처 방법을 미리 알아두어야 한다.

나(야마사키)는 감정 컨트롤 테스트 결과, 공격적으로 변하기 쉬운 스타일이라고 나왔다. 그래서 압박을 받을 때는 크게 심호흡을 한 번하고 나서, 자신이 어떤 리액션을 취하는지 객관적으로 관찰하고 우선 상대방의 이야기를 듣고 일을 추진하라는 어드바이스를 받았다.(물론 몇 차례 실패했다)

한편 오카다(*저자 중 1명 - 주)는 과도한 압력을 받으면 의욕을 잃어버린다는, 자신의 생각과 다른 결과에 깜짝 놀랐다. 하지만 이전의 실패 경험을 돌아보니 압력이 가해지면 사고 회로가 정지하면서 기력을 잃어버리는 편이었다며 금세 테스트 결과를 받아들였다. 오카다는 교수로부터 그런 상황에 대비해 평소부터 좀 더 자기주장을 표현하는 훈련을 하라는 충고를 받았다.(실제, 글로벌 기업에서는 적절하게 자기주장을 할 줄 아는 리더를 원한다)

누구나 생각한 것과 달리 압력을 받는 상황에 닥치면 냉정하게 대응하지 못하고 판단을 그르칠 위험이 있기 때문에 현재 리더인 사람은 물론 앞으로 리더를 목표로 하는 사람이라면 이런 상황에서 어떻게 대응해야 할지 미리 알고 있어야 한다.

최신 매니지먼트 스킬은 필요 없다

———

미국 켈로그 대학의 EMBA를 졸업하고 도쿄 시부야에서 사업을 하고 있는 ○씨는 그동안 많은 회사를 매수했지만 뜻한 바가 있어 매수한 회사를 전부 팔아치우고 EMBA에 공부하러 왔다. 그는 EMBA에서 자기분석을 철저히 한 뒤, 지금까지 자신이 고수한 마이크로 매니지먼트(상세 업무 관리)는 직원들의 사기를 떨어뜨린다는 사실을 깨달았다.

또한 직원들에게 본질적인 질문을 해서 스스로 생각하게 만드는 게 바람직한 리더의 자세임을 배웠다고 한다. 실제, 귀국한 뒤 그의 리더십 스타일에는 큰 변화가 있었고, 직원들의 반응도 달라졌다고 한다.

경영진이 리더십에 대해 배운다고 하면 세계 각지를 돌아다니며 활약하는 글로벌 리더를 모델링하든지, 최신 매니지먼트 스킬을 익히는 것 같은 기술적인 측면이 떠오르지만 실제로 그들이 배우는 것은 그런 게 아니다.

현재보다 한 단계 높은 무대에서 일하고 싶다면 우선은 자기 자신을 파악하는 것부터 시작할 필요가 있다.

큰일을 할 수 있는 리더십 사고

최악의 딜레마를 벗어날
지혜를 키운다

비즈니스를 하다 보면 당연히 갈등이 생긴다.

"부하 직원들이 내가 생각하는 것처럼 일하지 않는다", "상사가 자신을 인정해 주지 않는다" 같은 불만도 대립 중 하나이다. 그 외, 거래처와의 문제, 타 부서와의 관계, 고객과의 문제 등 다양한 대립이 있을 것이다.

그런 대립을 컨트롤하고 건설적인 해결책을 제시하는 것도 리더가 해야 할 중요한 일이다. 그럼, 세계의 톱 엘리트들은 어떻게 대립을 컨트롤하는 기술을 익힐까?

대립이 복잡하면 복잡할수록 해결하는 데 시간이 걸린다. 대립은 체계적으로 배운다고 해서 해결되는 문제가 아니다. 대부분의 문제는 케이스 바이 케이스로, 경험을 쌓아가는 수밖에 별 다른 방법이 없다.

그래서 EBMA에서도 현실적인 케이스를 골라 '이 장면에서 문제점은 무엇일까?', '그는 어떠한 행동을 취해야 할까?', '그에게 부족한 것은 무엇일까?' 같은 식으로 철저히 토론을 반복한다.

그렇게 유사한 경험칙을 쌓고, 대응책을 늘려나간다.

그래서 이 책에도 EMBA 수업 중 언급한 케이스를 소개할 예정이다. 책을 읽는 독자들도 토론에 참가했다고 생각하고, 자신이 그 상황에 처한다면 어떻게 대처해야 할지 고민하면서 읽어나가기 바란다.

상사는 무능하고
부하 직원은 고집이 세다면?

이야기의 주인공은 EMBA를 막 졸업한 마이클(31세).

그는 대기업 소프트웨어 회사의 자회사에 제너럴매니저로 채용되었다.

마이클은 모회사의 창업사장인 리처드슨의 면접을 보고 사업 내용 보고는 직접 리처드슨 사장에게 한다는 조건으로 입사를 했다.

하지만 마이클이 입사한 직후 조직 재편성이 되면서, 마이클은 아렌이라는 상사 밑으로 들어갔다.

즉, 모회사(리처드슨 사장)에 직접 보고하는 사람이 마이클에서 아렌으로 바뀐 것이다. 마이클은 조직 개편에 불만이 없었던 것은 아니지만, 그런 일은 흔히 있는 일이라 여겼다.

조직 개편으로 인해 마이클에게 주어진 일은 당초 예정대로, 개발 중이던 시스템을 완성시키는 것이었다. 일에 착수해 보니 생각했던 것보다 훨씬 일이 느리게 진행되고 있었다. 이대로는 도저히 납기일을 맞출 수 없을 것 같았다.

마이클이 이러한 사실을 아렌에게 보고해도 아렌은 모회사의 지시사항을 일방적으로 하달하기만 할 뿐, 마이클의 말을 귀담아 들어주지 않았다.

아렌은 처음부터 시스템에 관한 지식이 부족했고, 마이클에 대해서도 신뢰하지 않았다.

이런 상황이기 때문에 당연히 마이클과 아렌의 사이는 좋지 않았다.

문제는 그뿐이 아니었다.

시스템 개발 현장에는 쿡이라는 38세의 베테랑 엔지니어가 있었는데, 쿡의 사내 평판은 좋았지만 쿡도 마이클과 사이가 좋지 않았다.

마이클은 쿡과 몇 차례 미팅을 하면서 개발 지연에 대해 속도를 내 달라고 호소했지만, 쿡 역시 마이클의 말을 들어주지 않았다. 쿡은 마이클이 자신을 신뢰하지 않는다며 불만을 토로할 뿐, 개선 대책에는 소극적이었다.

하는 수 없이 마이클은 회사 측에 쿡을 인사 이동해 달라고 요청했지만, 이것은 받아들여지지 않았다. 회사 측에서는 베테랑 엔지니어를 이동배치 시킬 마음이 전혀 없었다.

마이클은 하는 수 없이 늦어지는 사업을 조금이라도 진척시키려고 자신이 신뢰하는 스태프를 중요한 자리에 앉혔는데, 이 또한 쿡을 비롯해 팀의 반감을 샀다.

이런 진퇴양난의 상황에서 납기일은 점점 다가왔다.

여기까지가 이 이야기의 개요이다.

일을 진행하는 방식에는
몇 가지 선택 사항이 있다

———

EMBA에서는 이러한 케이스(실제로는 좀 더 자세한 케이스)를 수업 전에 읽고 자신의 생각을 정리한 다음 교실에서 토론에 벌인다. 미리 준비하지 않으면 토론을 할 수 없다. 이번 케이스를 놓고 다음과 같은 질문에 대해 토론을 했다.

1. 마이클이 안고 있는 문제는 무엇일까?
2. 마이클은 어떻게 문제를 회피했으면 좋았을까?

우선 **마이클**이 안고 있는 문제에 대해 생각해 보자.

마이클이 안고 있는 최대의 문제는 무엇이라고 생각하는가.

수업 중에 **마이클**은 물리적인 문제와 인간적인 문제를 정리해 생각할 필요가 있다는 의견이 나왔다.

마이클은 시스템 개발이 늦어져 납기일을 맞추지 못할 것 같다는 물리적인 문제를 안고 있다. 그것은 틀림없는 사실이다.

그리고 그것과는 별개로 상사인 아렌, 자신의 밑에 있는 엔지니어 쿡과의 인간관계의 문제를 안고 있다.

마이클은 처음부터 물리적인 문제와 인간관계의 문제를 혼동해서 전혀 정리하지 못했다는 지적이 많았다.

이어서 "마이클은 무엇을 해야 했을까?"라는 질문에 대해서는 "생각보다 시스템 개발이 많이 늦어진 시점에서 현실적으로 자신의 힘으로할 수 있는 일이 없기 때문에 내가 그였다면 사직도 생각했을 것이다"라고 말한 미국인도 있었다.

이 부분에서는 나라와 문화, 가치관에 따라 의견이 갈라졌다.

일본인의 사고방식으로는 그만두는 건 무책임하다고 생각하겠지만, 위의 말을 한 미국인은 "일에 착수했을 때부터 개발이 늦어져 기한을 맞추지 못할 것 같은 상황이라면 자신이 떠안고 있다고 해서 해결될 일은 아니다. 자신이 책임을 떠안게 되면 오히려 더 큰 문제"라고 말했다.

그 외, 마이클이 안고 있는 물리적인 문제(개발이 늦어져 납기일을 맞추지 못할 것 같은 상황)에 대해 "좀 더 빨리 누군가와 제대로 공유해야했다"라는 의견이 압도적으로 많았다. 이와 같은 생각을 한 독자도 많을 것이다.

아래에서 윗사람을 매니지먼트한다

———

그리고 토론은 다음 단계로 나아간다.

마이클은 납기일을 맞추지 못할 것 같은 물리적인 문제를 누구와 공유해야 했을까?

1. 모회사의 사장 리처드슨?
2. 직속 상사 아렌?
3. 부하 엔지니어 쿡?

이 질문에는 의견이 많이 갈라졌다.

주로 미국인들은 모회사 사장인 리처드슨에게 직접 말해야 한다고 주장했다.

마이클은 리처드슨과 직접 면접을 봤기 때문에 보고하려고 하면 얼마든지 할 수 있는 입장이라는 것이다.

미국인들은 문제 해결을 할 때 바로 위 상사가 안 된다고 하면 아무렇지도 않게 더 위에 있는 상사를 직접 찾아간다.

하지만 일본인을 비롯해 아시아권 사람들은 그런 짓을 했다가는 아렌의 얼굴에 먹칠하는 격이라 오히려 일이 복잡해진다고 말했다. 아시아에서는 당연한 일이다.

아렌처럼 모회사가 하라는 대로 하는 사람들은 자신을 무시하는 듯한 사전 교섭을 가장 싫어한다. 그런데 아렌을 건너뛰고 직접 리처드슨을 찾아가 일을 진행하면 사태는 더 복잡해질 것이라는 말이다.

그들은 "납기에 늦으면 아렌에게도 마이너스가 된다. 그러니까 이대로 가면 아렌의 입장도 곤란해진다는 공통된 위기감을 아렌에게 심어주지 않은 것이 마이클의 가장 큰 잘못."이라고 주장했다.

즉, 사태를 공유해야 할 상대방은 아렌이고, 아렌에게(자신과 같은) 위기감을 갖게 하는 것이 우선이었다.

인간적으로 정이 가지 않는 상대라고 해도, 상대방의 인격을 존중하고 상사를 잘 매니지먼트하는 것도 부하 직원의 일이다.

그 외, 베테랑 엔지니어 쿡과의 관계에 대해서는 마이클이 잘못했다는 의견이 다수를 차지했다.

- ⊙ 무엇보다도 현장을 잘 아는 쿡을 존중하고 그 마음을 상대에게 전해야 했다.
- ⊙ 쿡이 일하기 편하도록 상황, 환경을 조정하는 것이 마이클의 일이다.

  마이클은 이 점을 잊었다.

- 새로 들어온 마이클이 베테랑 쿡을 이동배치 시키겠다는 발상 자체가 잘못됐다(단, 자신과 마음이 맞지 않는 부하를 이동배치 시키는 것 자체가 반드시 나쁜 일은 아니다. 미국에서는 흔히 볼 수 있는 일이다).
- 자신이 신뢰하는 스태프를 요직에 앉힌 일로, 다른 직원들의 반감을 산 건 당연하다.

마이클에 대한 평판은 제각각이었다.
여러분은 어떻게 느꼈는가.

시뮬레이션을 반복해
사고를 훈련시킨다

그럼 이 수업에서는 무엇을 배웠을까?
"만약 자신이 마이클의 입장이라면 어떻게 대처할까?"라는 질문을 통해 사고하는 과정에서 새로운 것을 배울 수 있다.
시스템 개발이 늦어질 것 같은 물리적인 문제를 어떻게 받아들이고, 누구에게 어떻게 보고하고, 또한 어떤 대책을 마련해야 할까?

내가 당사자라는 상황을 설정하고 대응 플랜을 스스로 생각하고 결정해야 한다.

또한 리처드슨, 아렌, 쿡 세 사람과의 인간관계를 어떻게 구축할지, 자기 나름의 전략을 세워 실천해야 한다.

수업 중에 배운 방법론 중 하나는 이해 관계자의 관계성을 차트화 하는 것이다. 각각 이해 관계자가 속한 그룹의 관계성도 파악해 그 중요도를 순서대로 정리한다.

이렇게 해서 문제 해결의 열쇠가 되는 이해 관계자를 파악하면 누구에게 어떤 행동을 취해야 할지 명확해진다.(이 부분은 〈저항 세력을 매트릭스화해 해결 한다〉에서도 다룬다)

누가 문제인지, 어떤 공략을 펼쳐야 할지, 논리적으로 분명히 해둬야 한다. 어쩌면 문제의 원인은 자신일지도 모른다. 그때 가장 좋은 문제 해결방법은 자기 자신을 바꾸는 것이다. 앞에서 이야기한 것처럼 자기 자신을 파악하는 것은 생각보다 어렵기 때문에 항상 주의해야 한다.

그리고 남은 시간까지 어떻게 행동해야 할지를 정리하고, 어느 단계에 이르면 누구에게 보고할지 결정한다.

이번 예는 사내 인간관계를 다루었지만 EMBA 수업에서는 다양한 케이스를 들어 그 케이스별로 활발한 토론을 벌였다. 거래처나 클라이언트와의 관계 또는 자신, 클라이언트, 사내 타부서 담당자 3자간의 문제도 있다.

그런 다양한 케이스에서 어떻게 대립을 컨트롤하고 가장 좋은 해결책을 찾을지 지겨울 정도로 훈련을 반복하는 수밖에 없다.

사례 연구에 답은 없다. 등장인물의 인간관계를 예상할 수 없는 경우도 허다하다. 하지만 그것은 실제 비즈니스에서도 마찬가지이다. 사례연구를 집중적으로 하는 것은 경험칙을 쌓고, 판단력을 높이는 작업이라고 할 수 있다.

자신이 처한 상황에 대해 객관적으로 생각하는 것은 생각보다 어렵다.

따라서 이러한 트레이닝을 반복함으로써 복잡한 문제에 대해서도 항상 전체적으로 보며 최선의 방법을 냉정하게 판단해 선택하는 훈련을 한다.

비즈니스 사례 연구를 정리해 출판된 책도 많다. 책 한 권을 사서 꼼꼼히 읽어보길 권한다.

큰일을 할 수 있는 리더십 사고

압력? 보상? 수직화?…
어떻게 사람을 움직일까?

타인에게 미치는 영향력을 어떻게 높일 수 있을까?

경영진들이 매일 고민하는 테마 중 하나이다.

이를테면, 당신이 부하 직원에게 무언가를 바랐을 때 그가 순순히 해 줄까? 이런 단순한 것도 리더로서(혹은 인간으로서)의 영향력을 말해 준다.

이번에는 **리더로서의 영향력**에 대해 이야기하려고 한다.

글로벌 비즈니스를 하거나 EMBA 같은 곳에 가 보면 느끼는 것이지만, 일본에서 생각하는 리더의 위치나 해석은 다른 나라의 그것과 조금 다르다.

일본의 경우, 리더란 기본적으로는 관리직이라는 조건을 달고 있다. "그는 과장이기 때문에 리더이다", "그녀는 매니저이기 때문에 리더이다" 이런 식이다. 아무런 직책도 맡지 않은 사람이 리더 같은 행동을 하면 눈살을 찌푸리기 일쑤이다.

하지만 미국 기업이나 글로벌 기업에서는 한 그룹에서 어떤 일을 할 때 자연 발생적으로 리더가 탄생하는 경우가 많다.

관리직이기 때문에 리더가 되는 게 아니라 일을 하다 보니 뛰어난 스킬을 가지고 있다거나 다른 사람에 대한 영향력이 높아 보이는 개인의 실력에 따라 리더가 탄생한다. 일본의 경우와 반대로 그 리더십이 평가받아 관리직이 주어진다. 따라서 그들은 리더십의 가장 중요한 스킬로써 다른 사람에 대한 영향력을 높이는 방법에 대해 굉장히 열심히 연구한다.

게다가 글로벌 기업의 리더는 일본에 비해 다양한 문화, 가치관, 인종을 상대해야 하기 때문에 좀 더 효과적인 스킬을 익혀야 한다.

어쨌든 타인에 대한 영향력이 없다면 리더의 자격이 없는 셈이다.

압력으로 사람을 움직이는 것도 하나의 기술이다
———

우리는 EMBA에서 다른 사람을 움직이는 유력한 방법으로는 세 가지 접근법이 있다고 배웠다.

권력을 이용한 압력, 상호 이익, 도덕 3가지이다.

우선 권력을 이용한 압력이란 문자 그대로 이 일을 제대로 하지 않으면 앞으로 힘든 일을 겪게 될 것이라는 모종의 압력을 가하는 것이다.

압력이라는 말이 주는 위압감은 있지만, 자신의 입장이나 직책을 이용해 상대를 움직이는 것도 여기에 포함된다. 군이 입으로 말하지 않아도 "내가 하는 말을 듣지 않으면 자르거나 평가를 낮출 거야"라고 협박하는 것이나 마찬가지이기 때문이다.

이것은 개인이 아닌 직책이나 입장이 지닌 영향력이다. 유감스럽지만 이런 식의 영향력을 지닌 리더는 많은 편이다.

그다지 추천하고 싶은 방법은 아니지만 그렇다고 이 방법이 100% 나쁘다고는 할 수 없다.

이를 테면, 시간이 촉박하거나 상대의 강한 저항이 예상되어 강제로라도 상대를 움직여야 하는 경우에 압력이나 강권발동은 오히려 효과적일 수 있다.

조직을 운영하는 데 반드시 필요한 요소이다.

다만 자신의 직책이나 압력을 이용해서 사람을 움직이면 상대방의 의욕이나 창조성을 잃게 만드는 문제점도 있다.

리더로서 압력(혹은 권력)으로만 사람을 움직이려 한다면 그 사람의 영향력에는 큰 문제가 있다. 자신의 직책을 이용할 수는 있지만 남용해서는 안 될 것이다.

보상을 이용해
스스로 즐겁게 일하게 한다

———

상호이익이라는 것은 단적으로 말하자면 거래를 말한다. '기브 앤 테이크(또는 윈-윈)'로 바꿔 말할 수 있다. 이 '기브 앤 테이크'는 사람을 움직이게 만들 뿐 아니라 상당히 큰 효과를 발휘한다.

사람은 무언가를 받으면 그에 상응하는 무언가를 줘야 한다고 생각하는 동물이다. 이를 테면, 상대방이 모르는 사람이든, 싫어하는 사람이든 어떤 도움을 받으면 그것과 동등(혹은 그 이상)한 것을 해 줘야 한다고 생각한다.

〈영향력의 무기〉라는 저서로 유명한 미국의 사회심리학자 로버트 B 치알디니는 인간 문화에서 가장 광범위하게 존재하고 가장 기본적은 요소가 되는 규범 중 하나로 이 보상을 들었다.

상사가 부하 직원에게 무언가를 해주면 부하 직원은 상사에게 보답하려 한다. 이 구조에 따라 자신의 영향력을 높이는 것은 굉장히 논리적이다. 즉, 사람을 움직이고 싶다면 먼저 무언가를 해주면 된다.

좀 더 노골적으로 말하자면, '이걸 해주면 이 만큼 평가를 해줄게, 이걸 달성하면 승진시켜줄게' 같은 조건은 사람을 움직이는 데 큰 동기부여가 된다. 그 조건이 타당하다면 서로 불만도 적다는 점이 큰 메리트이다.

하지만 너무 노골적으로 다가가면 지나치게 사무적이라는 인상을 줄 수도 있다. 한편, '이 정도는 할 수 있지?', '나도 이만큼 노력하고 있어'라는 식으로 상대방을 대하면, 상대방도 기대에 부응해 열심히 해야겠다는 동기 부여를 할 수 있다.

상호 이익, 거래라고 하면 차갑고 부정적인 인상을 줄 수도 있지만, 접근법에 따라 결과는 다르게 나타날 수 있다.

인간관계를 수량화 한다
- 시카고 대학 EMBA의 교훈

시카고 대학의 EMBA에 다닌 친구 존에 따르면 그가 받은 수업에서는 '상대방에게 베푼 도움조차 모두 수량화할 수 있다'라고 배웠다고 한다.

'내가 당신한테 30그램 줬으니까 당신은 나에게 20그램을 돌려줘.' 같은 거래가 성립한다는 발상으로, 인간관계도 모두 수량화, 정량화할 수 있다는 사고방식이다.

과연 폭넓은 분야에서 경제학의 표준을 세우는 시카고 학파 다운 발상이다.

물론 이러한 발상에 모든 이가 동의하는 것은 아니다.

인간관계의 거래를 모두 수치화하다니 현실적이지 않다고 생각하는 사람도 있을 것이다.

하지만 현실에서는 잘 모르는 사람, 문화적, 종교적으로 양립할 수 없는 사람, 싫어하는 사람을 움직여 내 편을 만들어야 하는 경우가 많다. 비즈니스라면 특히 더 그렇다.

우리는 이런 상대방에게 어떻게 다가가 교섭을 진행해야 할까? 이런 상황에서 가장 효력을 발휘하는 방법이 바로 상호이익 즉 윈-윈이다. 그것도 정확히 수량화한 '기브 앤 테이크' 관계를 구축하는 것이 가장 원활하다.

그런 의미에서 비즈니스에서는 모든 거래를 수량화 한다는 발상이 도움이 되는 경우가 많다.

'이만큼 도움을 받았으니 이 정도 편의를 봐주자'라고 하면 지나쳐 보일 수도 있지만, 실은 많은 비즈니스 현장에서 흔히 벌어지는 상황이다.

다만 이때 주의해야 할 점은 자신이 줬다고 생각하는 양과 상대방이 받아들인 양에는 차이가 있다는 점이다. 이것을 잘못 파악하면, 간혹 은혜를 모르는 녀석이라는 오해를 받기도 한다.

상대방이 호감을 갖게 만든다

상대방을 움직이는 방법 중 3번째는 **도덕**이다.

이것은 상대방과의 신뢰 관계 또는 평범한 가치관 따위를 구축한 뒤에 상대방을 움직이게 한다는 지극히 정통적인 접근법이다.

이 관계가 대단히 효과적이라는 데는 의심의 여지가 없다.

좀 더 노골적으로 표현하면, 상대방이 당신에게 호감을 갖게 만드는 데 성공하면 그만큼 당신의 영향력도 높아진다는 심플한 구조이다.

앞에서 말한 치알디니도 호의가 영향력의 무기가 된다는 것을 분명히 인정했다. 치알디니가 쓴 〈영향력의 무기〉 중에는 기네스에 등록된 자동차 톱 세일즈맨의 에피소드가 나오는데 그는 "구매자에게 호의적인 세일즈맨과 납득할 수 있는 가격, 이 두 가지가 함께라면 누구나 차를 삽니다"라고 자신만만하게 말했다.

호의라는 것은 그만큼 큰 파워를 지닌다.

또한 〈영향력의 무기〉에는 '사람은 어떻게 호의를 가지게 되는가?'에 대해서도 상세히 분석해놓았다. '보기에 좋으면 다른 면도 뛰어나다고 생각한다', '자신과 닮았다고 느끼게 하는 것의 가치', '참견의 효과' 등 흥미진진한 이야기가 많이 실려 있기 때문에 꼭 한 번 읽어보기를 권한다.

치알디니가 말하는 '사람이 호의를 품는 이유'를 이해하고 실천한다면 그만큼 다른 사람에 대한 영향력을 높일 수 있을 것이다.

큰일을 할 수 있는 리더십 사고

타인을 변화시키는 방법을
마스터한다

우수한 리더에게 가장 필요한 자질은 바로 변화를 리드하는 것이다.

세계의 톱 엘리트들은 회사로부터 "경영자(경영층 일원)로서 침체에서 벗어나지 못하는 실적을 만회해 주길 바란다" 혹은 사내에서도 "비즈니스를 궤도에 올려놓길 바란다" 같은 오더를 받는다. 이때 요구되는 것이, 바로 변화를 리드하는 것이다.

닛산의 칼를로스 곤 사장(당시)이나 이나모리 가즈오 씨가 JAL 회장으로 취임한 케이스를 보면 변화를 리드한다는 것이 무엇인지 알 수 있다. 침체를 벗어나지 못하고 있는 기업의 업적을 만회해 달라는 미션을 받은 그들은 종업원의 의식을 개혁하고 다양한 비즈니스 모델을 재검토해 구조를 개선함으로써 조직 개혁에 성공했다.

이는 리더가 갖추어야 할 자질 중 가장 중요하다고 할 수 있다. 따라서 리더는 변화를 리드하는 리더십에 대해 철저하게 배운다.

방대한 '조직을 개혁하는 방법'

———

당연히 EMBA에도 변화를 리드하기 위한 리더십 강좌가 있다. 이 수업에서는 조직을 변혁하기 위한 노하우에 대해 배운다. 내가 수강한 수업에는 어느 글로벌 기업에서 경영진으로 일하는 여성이 있었는데, 그녀의 회사에서 실천하고 있는 조직 변혁의 구조에 대해 소개했다.

실로 흥미진진한 이야기라 여기에도 소개한다.

그녀가 다닌 회사(A회사)는 M&A를 통해 덩치가 커진 회사였는데, 매수한 회사를 얼마나 빨리 A회사의 문화, 이념에 적응시켜 이익을 낼 수 있는 상태로 만들 수 있을지가 가장 큰 고민거리였다.

이것은 어떤 기업이든 공통된 과제 중 하나이다.

그래서 A사에서는 성공한 변혁과 실패한 변혁의 데이터를 모아 철저하게 분석한 뒤 어떻게 하면 조직변혁이 잘되는지 노하우를 만들어냈다.

그 이후 매니저 이상의 직원들은 모두 그 연수를 받게 해, 적극적으로 변화를 리드할 수 있는 리더를 육성하고 있다고 한다.

많은 경영진이 필수항목으로 생각하고 배우는 조직을 변혁하는 방법은 구체적으로는 다음과 같다. 이는 A의 에피소드에 대해 EMBA에서 배운 내용을 정리한 것이다.

1) 변화를 싫어하는 사람에게 모든 것을 바꾸길 강요한다

조직 변혁에 착수했을 때 가장 먼저 해야 할 일은 공고한 코어팀 즉 핵심을 만드는 것이다.

조직을 변혁한다는 것은 거기에 속한 사람들의 의식과 비즈니스 하는 방법과 목표를 바꾸고, 일을 대하는 태도와 커뮤니케이션 하는 방법을 바꾸는 등 모든 것을 바꿀 것을 강요하는 작업이다.

하지만 대부분의 사람들이 그렇듯이 사람은 누구나 변화를 두려워하고 싫어한다. 게다가 조직을 변혁하려 하면 격렬한 저항에 부딪힌다.

즉, 조직을 변혁한다는 미션은 예외 없이 뜻하지 않은 역풍 속에서 시작한다는 것을 각오해야만 한다. 제로에서부터 출발이 아니라 마이너스부터 시작해야 한다.

그런 과혹한 환경에서 미션을 수행하려면 신뢰할 수 있고 비전을 공유할 수 있는 결속력이 단단한 팀이 필요하다.

따라서 처음에는 소그룹이라도 상관없이 같은 목표를 향해 달려갈 수 있는 강한 코어팀을 만들어야 한다.

2) 위기감을 심어주고, 희망으로 유인한다

실제로 미션이 시작되면 첫 단계는 종업원의 위기감을 높이는 것이다.

조직에 변혁이 필요한 장면을 떠올려 보면 이대로 가다가는 엄청난 일이 벌어질 것 같은 경우가 대부분이다. 도산, 부서 폐쇄, 프로젝트 팀의 해산 등등. 그 조직에 속해 있는 사람들에게 불똥이 떨어지는 상황이 닥치는 것이다.

우선은 당사자들에게 이 냉혹한 현실을 있는 그대로 전하는 것부터 시작해야 한다.

하지만 앞서 말한 것처럼 대부분의 사람들은 변화를 두려워하거나 귀찮아한다. 그런 경향이 강한 사람일수록 현상을 달콤하게 받아들이는 편이다. '에이, 위험하다고 해도 아직은 괜찮을 거야……'라고 낙관적으로 생각한다.

그런 사람들에게 지금 변하지 않으면 얼마나 어두운 미래가 기다리고 있는지, 지금 자신이 얼마나 위험한 상황에 처해 있는지, 분명한 현실을 제시하고 자기 자신의 문제로서 위기를 인식하게 해야 한다.

이나모리 가즈오 씨가 JAL을 개혁할 때에도 '이대로 가면 JAL은 없어질 거다'라는 위기감을 공유하는 데서부터 시작했다고 한다.

인간에게 변화란 굉장히 높은 장애물이다. 그렇기 때문에 변하지 않으면 암담한 미래뿐이라는 절박한 위기감 없이는 변혁을 촉진할 수 없다.

다만 여기에서 중요한 것은 단순히 위기감을 부채질하는 것이 아니라 우리가 변하면 밝은 미래가 기다리고 있다는 희망도 전해야 한다.

위기감과 희망. 이 두 가지를 잘 전달하면 직원들의 변화를 촉진하는 행동을 이끌어낼 수 있다. 최소한 '변화할 준비가 되었다'라고 할 수 있다.

3) 전 직원과 일대일로 무릎을 맞대고 이야기한다

위기감을 공유했다면 다음은 비전을 침투시키는 작전에 들어간다.

회사의 목표가 무엇인지. 무엇을 중요하게 생각하는지. 어떤 생각으로 움직여야 하는지. 이러한 회사의 비전을 제대로 공유하지 않으면 진정한 조직 변혁을 이끌 수 없다.

하지만 위기감을 가지고 비전을 공유한다는 것은 쉬운 일이 아니다. 유사한 경험을 해본 사람만이 공감할 수 있을 것이다.

리더나 코어팀의 멤버가 일방적으로 이야기하는 것은 어려운 일이 아니지만, 그것을 한 사람 한 사람에게 이해시키고 인식을 바꾸는 작업은 쉬운 일이 아니다.

이 이야기를 해준 EMBA의 수강생도 "어쨌든 이런 상황에서는 한 사람 한 사람과 일대일로 마주보는 것. 그리고 철저하게 커뮤니케이션의 양을 늘리는 수밖에 없다"라고 강조했다.

실제, 그녀의 회사에서도 코어팀의 멤버가 전국을 돌아다니며 전 직원과 마주보고 앉아 변하지 않으면 안 되는 이유와 자신들의 목표 방향에 대해 끊임없이 소통하고 설득시켜 나갔다고 한다.

시간이 많이 걸리는 작업이지만 이 과정을 생략한다면 외관의 변화로만 끝나고 말 것이다. 직원들의 의식이 변하지 않으면 아무리 조직 편성이나 구조를 바꿔도 본질적인 것은 달라지지 않는다.

사람의 의식을 바꾼다는 것은 가장 어려운 미션이다. 그런 변혁을 리드하는 리더에게는 열정이나 끈기, 타인을 움직이는 영향력 같은 다양한 능력이 요구된다.

당신은 리더로서 상대방의 의식을 바꿀 정도의 열의와 끈기, 영향력이나 프레젠테이션 능력을 지니고 있을까? 진정한 리더십이 요구되는 상황이다.

4) 움직일 수밖에 없는 상황을 만든다

다음으로 할 일은 종업원 한 사람 한 사람이 자발적으로 행동하도록 촉진하는 것이다.

위기감이나 비전을 공유했다고 해서 사람이 쉽게 행동하지는 않는다.

대부분의 사람들은 "이것 때문에 할 수 없어", "이게 없어서 잘 안 돼" 같은 다양한 이유를 늘어놓으며 쉽사리 움직이지 않는다.

그런 장애물을 하나하나 제거하는 것도 리더나 코어팀 멤버의 일이다.

때로는 시스템이나 룰을 바꿀 필요도 있을 테고, 해당 부서의 보스와 교섭하기도 한다. 일하는 방법을 바꾸기 위한 제안을 하거나 거기에 필요한 자료를 만들기도 한다. 그런 조정력도 리더에게 요구되는 스킬이다.

그렇게 신중하게 장애물을 제거하고 움직일 수 있는(움직일 수밖에 없는) 상황을 마련해줘야, 사람들은 겨우 움직이기 시작한다.

때로는 '그렇게까지 해야 되나?' 싶은 생각이 들기도 하지만, 그런 고된 작업 끝에 조직변혁이라는 커다란 미션이 달성된다.

5) 의식에 서서히 영향을 미친다

직원들이 변화를 보이기 시작하면 작은 성공 체험을 쌓게 하고, 그 성공을 칭찬하는 것도 잊지 않는다. 누군가가 움직여 아주 작은 성공을 거둔다면 그것을 칭찬하고 주위에 공유한다.

변화된 사람을 인정하는 분위기가 되면 직원들은 점점 '나도 변해야 한다', '이제 변하지 않으면 안된다'라고 생각한다. 그런 식으로 조금씩 자발성을 키워 행동을 리드해감으로써 변혁의 테두리가 넓어지고 결국 그 변화는 성공으로 이어진다.

구체적으로는 비전에 들어맞는 행동을 평가하거나 표창하는 제도를 만들어야 하고, 주위에 알릴 시스템, 네트워크를 구축하는 것도 중요하다.

표창 제도를 경시하는 사람도 있을지 모르지만, 주위의 평가를 받음으로써 자신감을 얻는 사람들은 의외로 많다. 그렇게 변화의 장애물들이 점점 사라진다.

심리적인 요소를 적절하게 이용해 사람의 의식이나 행동을 변혁하는 것이 리더(혹은 코어 팀)의 역할이다.

큰일을 할 수 있는 리더십 사고

저항세력을
매트릭스화해 해결한다

변혁을 리드하는 방법을 배울 때 절대 빠뜨리면 안 되는 포인트가 있다. 그것은 저항세력에 대처하는 방법이다.

저항은 변혁에 항상 따라다니기 때문에 저항세력을 과소평가하지 말고 적절히 대응하는 것이 개혁의 성공을 좌우하는 중요한 포인트이다.

EMBA에 온 경영진 중에는 과거 실패한 경험을 지닌 사람이 많기 때문에 이 주제에 대한 수업에서는 격렬한 토론이 벌어진다.

EMBA 수강생들은 수업 중에 독특하고 현실적인 실천 사례를 많이 들려준다.

그 노하우를 여기에 소개한다.

영향력이 낮은 상대는
신경 쓰지 않는다

인사나 조직변혁에 대해 선진적인 발상을 지닌 한 기업에서는 조직 변화를 실시할 때 모든 관계자를 리스트로 만들어 가시화한다고 한다. **이때 조금이라도 저항과 관계가 있는 사람이라면 리스트에 넣는 것이 중요한 포인트이다.**

그리고 리스트에 있는 모든 관계자를 '변혁에 대한 영향력 × 협력도'의 4분면 매트릭스(행렬)에 적용시킨다.

영향력이 높지만, 협력도가 낮은 사람을 변혁의 중요인물로 잡고, 코어 팀에서 전략을 짜서 공격한다.

이를테면, 협력도가 낮은(즉, 반대파) 상대라도 영향력이 높지 않으면 그냥 둔다. 이렇게 적은 수로 효율적 혹은 효과적으로 저항세력에 다가간다.

반대세력에 대한 대책도 조직 변혁을 위한 과제 중 하나로 객관적으로 파악하고 조직적으로 정리해 둔다는 발상이다.

굉장히 합리적 혹은 독특한 현실적인 접근이 아닐까?

물론 그렇게 쉽게 변화를 재촉할 수 없는 경우도 있지만 팀으로 전력을 짜기 때문에 담당자를 바꾸거나, 상대방에게 유리한 조건을 설정하거나, 상대방의 이야기를 들어주는 등 상사나 선배를 설득해 교섭을 맡기는 다양한 해결책을 찾을 수 있다.

　이렇게 팀에서 교섭을 맡는다는 것은 큰 의미와 가치가 있다. 또한 리스트를 만듦으로써 상황을 가시화하고 공유할 수 있다는 메리트도 크다.

　또한, 리스트를 만들면 코어 팀에서는 다음에는 누구를 어떻게 변화시켜야 할지, 정확히 알 수 있다.

　교섭이나 사전 교섭 그 자체는 굉장히 인간적인 작업이지만, 반대 세력과 마주 보는 방법은 기계적(형식적)으로 상대해 주는 것도 이 노하우의 큰 특징이다.

변화에 반대하는 이유는 3가지밖에 없다

반대파의 핵심 인물과 마주할 때 절대 잊어서는 안 되는 중요한 요소가 있다.

바로 이 사람이 무슨 이유로 반대하는지, 진짜 이유를 찾아내야 한다.

당연하지만 반대하는 측은 그 나름의 이유나 사정이 있다.

크게 나누어 보면 **기술적, 문화적, 정치적**이라는 3가지 사정 중 하나 때문에 사람은 반대를 한다.

이를테면, 기술적인 사정 때문에 반대한다는 경우부터 살펴보자. 제조 현장을 개혁할 때, 이러한 방법으로 바꾸면 좋겠다고 의뢰를 했다고 치자. 그럼 반대하는 사람들은 '기술적으로 불가능하다', '제품의 퀄리티가 떨어진다', '시간이 너무 많이 걸려 스태프를 확보하기가 어렵다'는 등의 이유를 댈 것이다.

어디서나 볼 수 있는 상황이다.

물론 간단히 해결할 수 있는 문제는 아니지만, 기술적인 문제만 있을 뿐 변혁에 대한 의식이나 비전에 큰 엇갈림이 없다면 현장을 잘 아는 전문가를 모아 대책팀을 조직하는 등, 몇 가지 방법으로 돌파구를 찾을 수 있다.

그런데 정말 기술적으로 무리라면 또 다른 새로운 방법을 제시하는 등 방침을 바꾸면 된다.

따라서 기술적인 사정은 비교적 심플하고 대처하기 쉬운 편이다.

어떻게 지뢰를 밟지 않고
상대방을 움직일까?

———

골치 아픈 것은 문화적, 정치적인 이유로 반대하는 세력이다.

문화적 문제는 크게 나눠 2종류가 있다. 기업 문화와 종교적인 문화라는 두 가지 측면을 고려하지 않으면 안 된다.

이를테면, 기업을 흡수 합병한 경우에 회사 측에서는 직원들에게 앞으로의 변화의 방침을 제시하게 된다. 하지만 직원들 중에는 "우리는 지금까지 몇 십 년이나 이런 식으로 해왔다", "그런 방법은 용인할 수 없다"라며 합병 전의 기업문화를 방패로 반대하는 사람이 적지 않다.

실제로 기업 문화의 뜻이 맞지 않아(즉, 변화를 리드할 수 없어) 기업 매수에 실패하는 경우도 많다.

또한 종교문제의 경우, 사측의 의향을 아무리 전해도 절대 받아들일 수 없다는 케이스가 많다. 특히 이런 문화의 나라나 지역에 갔을 때에는 기본적으로 상대의 문화나 풍습을 존중하지 않으면 사업을 진척시킬 수 없다(제2장 '교섭', 제5장 '글로벌 비즈니스'에서 자세히 다룬다).

또한 사내 정치(파벌)적 이유로 변혁을 받아들이지 않는 케이스도 적지 않다.

사장파(개혁 추진파)와 회장파(보수파)로 나뉘어 아무리 개혁을 추진하려 해도 회장파라는 이유로 사측의 요구를 전혀 들어주지 않는 케이스가 전형적이다. 오쓰카 가구의 부녀문제(아버지와 딸의 경영권 다툼-주)가 화제가 되었는데, 그런 식으로 사내 파벌적 압력이 걸리면 변혁은 상당히 어려워진다.

이 경우, 실력만이 아닌 연줄이라는 의미에서도 핵심 인물의 영향력을 꿰뚫어보고 움직일 필요가 있다.

EMBA의 수강생 중에도 "어둠의 실력자 같은 핵심 인물이 있는데, 그 사람과 교섭하지 않으면 안 되는 경우엔 정말 짜증난다"라거나, 협상의 현장에서도 "그 중에 지뢰가 있어 어떻게 지뢰를 밟지 않고 이야기를 진행시킬지 엄청 신경 쓰였다"라고 말하는 이도 있었다.

이렇게 되면 원만한 협상은 힘들지만, 그 사람이 왜 반대하는지 진짜 이유를 찾는 것은 변혁을 진척시키는 리더, 혹은 코어팀이 해결해야 할 과제이다.

그 진짜 이유를 찾지 못하면 효과적인 사전협상 전술을 구축할 수 없고, 요점을 벗어난 협상을 함으로써 사태를 악화시켜 버리는 경우도 종종 있다.

그렇기 때문에 리더를 목표로 하는 경영진은 매일매일 이론을 배우고 다양한 케이스를 수없이 다룸으로써 자신의 안목을 높여야만 한다.

2 장

절대 지지 않는 협상 법을
머릿속에 저장한다

톱 엘리트의 지적인 협상력

이기는 협상을 만드는 지식

한국인, 일본인, 중국인의 특성을 파악한다

무엇을 하면 얼마나 벌 수 있는지를 생각한다

실천
비즈니스
전략 매뉴얼

톱 엘리트의 지적인 협상력

이기는 협상을 만드는
지식

비즈니스에서 협상은 빠뜨릴 수 없는 중요한 요소이다.

우수한 협상자는 그만큼 조직에 이익을 주고, 귀중한 인재로서 인정받는다.

따라서 세계 제1선에서 활약하는 경영진들은 협상에 대해 열심히 공부하고 스킬을 익히려 한다.

하지만 여기에서 문제는 '좋은 협상이란 무엇일까?'하는 것이다.

자신에게 유리한 조건을 꺼내면 꺼낼수록 좋은 협상이라고 할 수 있을까? 그런 협상을 하는 사람을 정말 우수한 협상자라고 할 수 있을까?

사업가의 운명을 걸고
협상에 나선다
———

EMBA의 교섭 강좌에서는 기본적으로 '윈-윈'하는 방법에 대해 배운다. 승자독식(winner - take - all)하겠다는 발상으로는 장기적으로 성공할 수 없다는 사고방식이다.

그렇다고 해서 상대에게 양보만 하면 손해를 볼 수 있기 때문에 상대로부터도 얻어낼 수 있는 것은 얻어내야만 한다.

협상 담당자는 협상을 하면서 상대방에게 어떻게든 이 계약을 마무리 지어야 한다는 압박을 노출해야 한다.

협상 현장에서 협상 담당자는 '가격을 얼마까지 내려도 괜찮을까?', '장기적인 관계를 중시해야 할까, 아니면 단기적인 이익에 집착해야 할까?', '내가 먼저 조건을 제시해야 할까? 상대의 속셈을 알아본 뒤에 해야 할까?', '거래 성립이 우선일까? 아니면 손을 떼도 괜찮을까?'같은 다양한 생각이 뇌리를 스치며 고민에 빠질 수밖에 없다.

그럼, 이 경우 가장 중요한 것은 무엇일까?

베스트 안을 상정함과 동시에 절대 양보할 수 없는 선을 정확히 그어두어야 한다.

이 두 가지를 미리 생각해놓지 않고 협상에 임하면 자신이 예상하지 못한 라인에서 협상이 진행될 경우 어떻게 해야 할지 몰라 우왕좌왕하게 된다.

EMBA에서도 다양한 경우의 수를 준비해 협상의 실천적인 롤 플레이를 해보았다. 인도나 이스라엘 사람들은 믿을 수 없을 만큼 강한 조건을 강하게 밀어붙이는 경우가 많다. 인도 사람들은 거침없이 이야기하고, 이스라엘 사람들은 협상 상대가 친하거나 상사라고 해도 인정사정없이 공격한다.

그때 자기 나름의 베스트 안과 양보할 수 없는 선을 미리 설정해 두지 않으면(허용범위가 애매해지면) 상대의 허용범위 안에서 협상이 이루어지거나 협상이 깨지기도 한다.

이를 테면, 어느 회사가 비즈니스를 확대하기 위해 중국에서 제조하고 있는 상품의 생산량을 배로 늘리려고 한다. 그래서 지금 사용 중인 홍콩의 자사 창고를 팔아버리고 좀 더 큰 규모의 창고를 구입하려 한다.

이 케이스에서는 창고 구입비로 50만 달러 정도가 타당한 가격이라고 설계했지만, 5배, 10배의 가격으로 교섭을 진행한 수강생이 있었다. 완전한 실패 사례이다.

롤 플레이를 한 뒤, "왜 그렇게 높은 가격에 협상을 했죠?"라고 물어보니, 역시 **협상 전에 베스트 안과 양보할 수 없는 선을 설정하지 않았기 때문**에 페이스를 잃은 것이 가장 큰 이유였다.

수업 중의 롤 플레이였으니 망정이지, 사업가로서 현실에서 이런 협상을 벌였다면 절대 용서받지 못할 일이다. 이 정도 규모의 협상에 실패한다면 회사에 손해를 미칠 뿐만 아니라 자신의 커리어에도 큰 오점을 남기게 된다.

협상장에서 떠날 시점을 알려주는 'BATNA'

그리고 또 한 가지, 협상 담당자는 항상 이번 계약을 성사시켜야 한다는 압박을 받고 있겠지만, 이런 상황 자체가 협상 담당자의 약점이라는 사실을 잊어서는 안 된다. 협상 현장에서 가장 약한 사람은 계약을 성사시켜야만 한다는 압박을 짊어지고 있는 사람이다.

상대방이 계약 성사를 원한다는 것을 알면 가격을 올려 파격적인 조건을 내미는 것이 당연하다. 누구나 그럴 것이다. 어떤 불리한 조건을 제시해도 상대방은 협상 테이블에서 떠날 수는 없는 것이다.

그래서 필요한 것이 **BATNA**(Best Alternative to a Negotiated Agreement, 협상결렬에 대비해서 가지고 있는 최선의 대안 책)**이다.**

만약 이 계약이 성립되지 않는다면 어떤 대안을 생각하고, 그 대안에는 어떤 리스크(시간, 비용, 인원, 퀄리티 따위)가 있는지를 면밀히 검토해서 'BATNA'를 준비하면 협상의 자세가 결정적으로 바뀐다.

앞에서 이야기한 홍콩의 창고를 매수하는(타당한 금액은 50만 달러 정도) 협상에 나서기 전에 'BATNA'를 생각해 두면 그렇게 어처구니없는 금액으로 협상하는 일은 애당초 일어나지 않았을 것이다. 이를 테면, 이런 식이다.

- 다른 창고를 구입하면 60만 달러 정도가 든다.
- 다른 창고는 항만에서 조금 떨어져 있어 운송비용으로 연간 5만 달러의 비용이 추가 발생한다.
- 지금 구입하려는 창고는 현재 타 업체가 사용 중이라, 3개월 뒤에 구입할 수 있다.

이런 대안 정보를 가지고 있으면 협상 중인 창고에 100% 매달릴 필요가 없다. 대충 생각해 봐도 70만 달러라면 'BATNA'보다 이익이라는 계산이 나온다. 또한 그 자리에서 바로 구입하지 않고 잠시 렌트하는 다른 안도 생각해 볼 수 있다.

하지만 만약 'BATNA' 없이 이 창고를 사야 한다는 미션만을 짊어지고 있다면 어떨까? 100만 달러든 150만 달러든 꼭 사야 한다는 압박을 느끼게 된다.

결국, 좋은 협상이란 단순히 상대방으로부터 좋은 조건을 끌어내는 것뿐만 아니라 상정할 수 있는 모든 선택지보다 유리한 안을 찾아내는 것이다. 아무리 상대가 양보했다 해도 'BATNA'보다 유리한 안이 아니라면 그 협상은 가치가 없다. 그때 협상 담당자는 빨리 테이블을 떠나야만 한다.

상대방에게 중요한 것을 찾아내는 전략

EMBA에서 협상을 담당한 어느 교수는 현대의 협상은 '발명'이라고 말했다.

특히 켈로그의 EMBA에서는 MESO(Multiple Equivalent Simultaneous Offers 다수가 동등한 조건하의 동시 제안)라는 협상 전략에 대해 상세히 가르친다.

이것은 동등한 가치가 있는 제의를 몇 가지 변화를 주면서 동시에 제시함으로써 상대방이 가장 중요하게 생각하는 것, 우선도가 높은 것은 무엇인지를 찾아내 서로 이익이 될 수 있는 제안을 찾는다는 협상 전략이다.

서로 자신의 포지션만 고집해서는 이러지도 저러지도 못한다. 한쪽이 이기는 룰에서 벗어나 쌍방이 이길 수 있는 게임 룰을 바꾸는 방법을 발명해야 한다.

현대의 비즈니스 엘리트는 어떻게 이기느냐가 아니라 쌍방이 만족하는 길을 찾으려면 어떻게 해야 하는지에 대해 모든 노하우를 축적하기 위해 다양한 케이스를 연구한다.

톱 엘리트의 지적인 협상력

한국인, 일본인, 중국인의
특성을 파악한다

　협상에 대해 지금 전 세계의 사업가들이 흥미를 가지고 진지하게 배우고 있는 것은 바로 아시아(특히 한국, 일본, 중국, ASEAN) 문화권의 상대와의 협상법이다. 글로벌 기업이 비즈니스를 전개하다 보면 동아시아의 기업과 반드시 어떠한 형식으로든 협상을 하게 된다. 그럼에도 불구하고 서양인들의 입장에서는 동아시아에 대해 배우지 않는 한 요점을 파악하기 힘들다.

　EMBA에서 배운 대 아시아 협상법은 일본의 사업가들에게는 대 한국, 대 중국은 물론 일본 내 협상을 할 때에도 도움이 될 것이다. 또한, 미국 등지의 사업가들이 동아시아에 대해 어떤 인상을 가지고 어떤 대책을 강구하고 있는지 알 수 있다는 점에서도 가치가 있다. 수업에서 배운 것을 바탕으로 현역 비즈니스 엘리트들로부터 얻은 정보를 종합해 대 아시아 협상을 위한 6가지의 포인트를 정리했다.

1) 「친밀한 관계」를 구축한다.

이는 아시아뿐만 아니라 어느 나라에서든 마찬가지이지만, 특히 중국인과 협상할 때에는 인간적으로 양호한 관계를 구축하지 않으면 비즈니스를 시작할 수 없다고 생각하는 게 좋다. 특히 미국인들은 처음부터 노골적으로 비즈니스 이야기를 하려고 하지만, 중국인에게 그런 방법은 통하지 않는다.

2) 직위는 상대방에게 맞춘다.

일본인들은 협상하는 자리에 나가는 사람의 직위나 참석 인원수를 맞추는 것을 당연하게 생각한다. 상대방의 회사에서는 사업 부장이 나오는데 이쪽에서 주임을 내보낸다는 것은 생각할 수도 없는 일이다. 하지만 미국에서는 상대편이 어떤 직위의 사람을 내보내든지 상관하지 않고 혼자 들어가 협상하는 경우도 많다.

단독으로 질주하는 듯한 스타일은 아시아를 상대로 하는 경우, 받아들여지기 쉽지 않다. 이 사실을 이해한 다음 적절한 협상 팀을 조직해야 한다.

3) 협상 팀에 여성이 한 명 있으면 좋다.

웬 여성? 이라고 생각할지도 모르지만, 아시아에서는 여전히 협상을 할 때 남성이 주체인 경우가 많다. 따라서 협상 팀에 여성이 한 명 들어가면 상대에 대한 인상이 바뀌면서 긴장이 풀어지는 등 협상력이 높아진다고 한다.

다만, 이때 참여하는 여성은 커뮤니케이션 능력이 탁월해야 한다. 하지만 앞으로는 여성이 협상의 중심에 서게 되는 경우가 늘어날 것이기 때문에 이 작전은 조만간 의미가 없어질 것이다.

4) 상대의 백그라운드를 철저하게 조사한다.

이것은 아시아에만 해당되는 내용은 아니지만, 협상에 나서기 전에 상대 기업의 백그라운드에 대해 철저하게 조사해야 한다. 회사 설립 과정부터 경영적으로 어떤 분야가 강한지, 현재 상태는 어떠한지, 신규 사업은 순조로운지, 때로는 협상자의 백그라운드에 대해서도 다양한 각도에서 조사할 필요가 있다.

미국 협상 자들은 교섭 현장에 나가기 전에 상세한 데이터를 조사하는 등, 상대방에 관한 정보를 상세히 조사한 뒤 나가는 편이다. 특히 문화적 배경이 다른 상대와 협상할 때는 좀 더 공들인 사전 조사가 필요하다.

5) 시간이 걸리는 것을 각오한다.

아시아 기업과 협상할 때에는 시간이 걸리는 경우가 많다.

일본 사람들은 한참 이야기를 주고받은 뒤 "회사에 돌아가 검토해 보겠습니다"라고 이야기하는 경우가 많다. 반면 미국 등지에서는 원칙 적으로 결정권이 있는 사람이 협상을 하러 나오기 때문에 그 자리에서 결정하는 경우가 많다.

아시아를 상대로 조급한 결정을 바라다가는 협상 자체가 일그러질 수도 있다.

6) 계약조항의 효력이 절대적인 것은 아니다.

외국에서 계약 조항은 절대적인 효력을 지닌다. 이는 일본에서도 마 찬가지이지만, 중국이나 한국에서는 반드시 그렇지는 않다.

그들에게도 계약조항은 중요하지만 절대적이지 않고, 어느 정도의 가변성을 두고 있는 것처럼 보인다. 그들은 비즈니스를 진행하면서 점 점 계약조항을 바꿔 달라고 한다.

이에 대해 유연하게 대해야 할까, 단호하게 거절해야 할까? 그들이 계약 조항을 절대적으로 지킬 것이라는 믿음을 버리고 협상을 진행할 필요가 있다. 계약이 성사된 시점에서 안심했다가 어처구니없는 일을 당하는 경우도 많다.

대 아시아와 협상할 때 주의해야 할 것은 위와 같다. 전 세계의 사업가들은 여기에 해당하는 구체적인 대응 법을 익혀야 한다.

일본인은 '넘버원 프라이드' 때문에 실패한다

수업 중에는 일본, 중국, 한국에 대한 인상과 특징에 대해서도 활발한 의견 교환이 있었다. 특히 서양인들이 어떻게 생각하는지, 참고가 될 것이다(어디까지나 이러한 견해도 있다는 것이지 서양인의 아시아관을 대표하는 것은 아니다).

일본인은 손에 들고 있는 카드를 좀처럼 꺼내 보여주지 않기 때문에 대체 무엇을 하고 싶은지, 무엇을 할 수 있는지 알 수 없는 경우가 많다. 한편, 한국인은 변화에 유연하게 대응하는 측면이 있다.

한편 일본인은 자국의 문화나 기술을 지나치게 높이 평가하는 경향이 있다. 이 '재팬 이즈 넘버원'이라는 자긍심이 비즈니스를 방해하는 경우가 종종 있다.

또한 일본인과 중국인은 속을 종잡을 수 없는 경우가 많다. 한국인은 직설적인 교섭을 하는 편이다.

한국인은 객관적인 사실보다 개인적인 상황(이를테면, 친인척의 비즈니스에 영향을 미치는지 등)을 중시하는 경향이 있다. 일본인이나 중국인에게는 거의 찾아볼 수 없는 경향이다.

또한 한국인과 중국인은 체면을 굉장히 중요하게 생각하는 편인데, 비즈니스 현장에서 한국인의 그러한 경향은 더 짙게 나타난다. 때로는 자신이 할 수 없는 일에 대해서도 무턱대고 할 수 있다며 맡겨 달라고 하는 경우가 있다.

중국에서는 특히 연줄이 실력을 말하기 때문에 연줄이 없으면 비즈니스 자체가 불가능하다. 그러기 위해서는 뇌물이 필요한 케이스가 종종 있다.

수업 중에 이런저런 이야기가 오고갔다. 고개가 끄덕여지는 부분도 있지만, 아닌 부분도 있을 것이다. 하지만 아시아 사람들에 대해 이렇게 느끼는 외국인이 있다는 것은 사실이다. 진위 여부를 떠나 알아두면 손해는 아닐 것이다.

톱 엘리트의 지적인 협상력

무엇을 하면
얼마나 벌 수 있는지를 생각한다

비즈니스 엘리트들은 전직할 때 자신의 대우, 승급에 대한 교섭에도 굉장히 관심이 많다.

일본의 대학이나 비즈니스 스쿨에서는 찾아보기 힘든 커리큘럼이지만 외국의 엘리트들은 그런 전직, 승급에 대한 협상에 대해서도 의식적으로 배운다.

수업 내용 자체는 굉장히 기본적인 부분부터 꽤나 생생한 이야기까지 다루는데, 모두에게 관심이 높은 테마인 만큼 EMBA에서도 이와 관련된 수업은 주목도가 높다.

실적이 나쁘면
어떻게 되는지 확인한다
———

일본인과 미국인은 일에 대한 인식 자체가 전혀 다르다는 것부터 이해해야 한다.

일본인의 경우 회사에 들어가면 그 회사의 일원이 된다는 의식이 강하지만, 미국인은 자신에게 어떤 역할이 주어지는지, 책임 범위는 어디까지인지 같은 것이 적혀 있는 **잡 디스크립션**(job description직무 분석표)을 모든 일의 기본으로 생각한다. 회사 측이 원하는 것을 구체적으로 명기한 문서이다.

즉, 회사원이 되기보다 그 직무의 책임자가 되는 것이다. 그만큼 실제적인 책임을 지고 있으며, 그 일이 사라지면 자동적으로 해고되는 경우도 드물지 않다.

따라서 전직(이동)을 할 때에는 기업이 제시한 잡 디스크립션이 얼마나 명확한지가 중요하다. 어떤 일이 주어지고 어떤 권한과 책임이 따르는지. 잡 디스크립션이 애매모호하다면 훗날 트러블이 생기기 쉽고, 자신에게도 회사 측에도 손해가 크다.

또한 협상할 때 제시받은 연봉도 물론 중요하지만 눈앞에 제시된 금액뿐만 아니라 실적이 좋았을 때, 반대로 실적이 나빴을 때는 어떻게 되는지도 미리 확인해둘 필요가 있다.

아무리 높은 연봉을 제시받더라도 회사 측이 제시한 목표액을 달성하지 못하면 해고된다는 조건이 있다면 이야기는 전혀 달라진다. 반면, 교섭 시 제시한 연봉이 적더라도 반 년 뒤, 실적에 따른 보너스가 크다면 다시 생각해 볼만하다.

전임자의 운명이
당신의 미래 모습이다

___

그 외, 주의해야 할 것은 그 자리가 얼마나 비어있었는지, 전임자는 어떻게 되었는지를 확인해 봐야 한다.

오랫동안 비어 있던 포지션은 문제가 있을 가능성이 높을 테고, 전임자의 현재 처지는 (어느 의미에서는) 미래의 자신의 모습이기도 하다.

하지만 이 정보는 회사 측에서 알리고 싶어 하지 않으면 알아내기 어렵다. 회사 측에서 보면 당연한 일이다.

그래서 신뢰할 수 있는 헤드헌터나 전직 컨설턴트가 필요하다. 혹은 스스로 폭넓은 네트워크를 가지고 있다면 직접 "지금 ○○라는 회사와 이러저러한 이야기를 하고 있는데 전임자에 대해 알 수 있어?"라고 물어보면서 정보 수집을 할 수도 있다.

이것은 미국에서는 아주 당연하거나 혹은 중요한 네트워크이다. 인맥이란 비즈니스의 가능성을 넓혀주기도 하지만 자신을 지켜주기도 하기 때문이다.

일본에 비해 노동의 유동성이 높은 미국 사회에서는 회사와 개인의 관계는 두텁지 않다. 그만큼 사람과 사람의 관계에서 신뢰할 수 있는 정보를 주고받는 게 중요하다.

전 근무지 연봉의
2배부터 협상한다
———

협상에 대한 수업에서 벌어진 토론 중 가장 흥미진진했던 주제는 '(전직할 때) 희망 연봉을 얼마로 해야 하는가' 이었다.

수업 중에 수강생들에게 다음과 같은 설문지를 제시했다.

❶ 전직의 연봉과 거의 비슷한 금액을 제시한다.
❷ 전직의 연봉보다 높은 금액을 제시한다.
❸ 먼저 말하지 않고 회사 측의 제시를 기다린다.

수강생 45명 중 1번을 택한 사람은 일본, 덴마크, 독일 사람뿐이었다. 나머지는 전부 2번을 택했고, 3번을 선택한 사람은 아무도 없었다.

그들은 능력이 뛰어난 만큼 자기 자신에 대한 자신감도 높기 때문에 처음부터 높은 금액을 부른다.

특히 인도나 싱가포르 사람들은 처음부터 "직장을 옮기면서 연봉을 올리는 것은 당연한 일이다. 연봉 교섭 시 보통 이전 연봉의 1.5~2배의 금액을 제시한다. 입사하면 그만큼 회사에 이익을 줄 자신이 있다. 이전과 같은 연봉을 제시받는다면 자신이 그 회사에 굳이 필요한 사람인가 하는 생각이 든다"라고 말해 일본인과 다른 가치관에 깜짝 놀랐다.

일본 사람들은 높은 금액을 제시하면 거짓말을 하는 것 같은 죄책감을 느끼는 경향이 있다. 하지만 이런 사고방식으로 해외에서 전직 활동을 했다가는 지나치게 겸손해 자신감이 없어 보인다는 느낌을 줄 수도 있다.

높은 연봉을 부를 만한
근거를 제시한다

그렇다면 지금 A가 이직할 직장을 알아보고 있는데, 옮길 회사 측에서 연봉 일억 원을 제시했다고 가정하자. 지금 회사에서의 연봉은 9,000만 원이다.

하지만 A는 1억5,000만 원 또는 2억 원을 받고 싶어 한다.

그리고 당연하지만 회사 측도 연봉에 대한 기준이 있기 때문에 그에 맞춰 협상하게 된다.

1억5,000만 원을 받고 싶은 A는 처음부터 그 금액을 회사 측에 제시하는 것이 좋을까, 아니면 강하게 2억 원을 제시해 밀어붙이는 것이 좋을까?

외국계나 글로벌 기업에서는 겸손할 필요 없이 일에 대한 자신감만 있다면 자신이 원하는 금액을 정확히 전달하는 게 좋다. 다만 그때에는 회사 측에서 그 금액을 납득할 만한 근거도 제시해야 한다.

외부 채용을 할 때 대부분의 회사는 업무와 사람의 레벨이나 커리어에 따라 제시할 수 있는 연봉 기준을 가지고 있다. 얼마를 줘도 좋으니 꼭 데려 와야 한다는 특별 케이스를 제외하고는 같은 일을 하는, 같은 레벨의 사람들의 연봉을 고려하면서 최종적으로 연봉을 결정한다.

따라서 너무 동떨어진 금액을 제시하면 경우에 따라서는 자신의 가치를 제대로 모르는 사람으로 비쳐질 수도 있다.

그리고 장기적인 시점에서 생각하면 리스크가 또 하나 있다.

가령 계약 단계에서 자신이 희망하는 고액의 연봉을 받았다면 그 연봉에 맞는 실적을 보여줘야 한다는 사실도 잊어서는 안 된다.

반 년 또는 일 년이 지났는데 연봉에 맞는 일을 하지 못한다면 당연하지만 평가는 떨어진다. 결과적으로 처음보다 연봉이 낮아질 수도 있다.

이 경우, 연봉이 낮아지는 것뿐만 아니라 자신이 말한 것을 지키지 못했기 때문에 신뢰까지 잃는다.

사업가가 리더십을 발휘하는 데 신뢰는 굉장히 중요한 요소이기 때문에 결국 단기간에 회사를 떠나야 하는 수도 있다.

역시 협상은 미래에 서로 '윈-윈' 할 수 있는 관계를 구축하는 것이 중요하다. 조직 대 조직의 경우는 물론 개인 대 개인의 경우에도 마찬가지이다.

3 ^장

지루한 소모전에서
벗어나는 발상을 한다
혁신적인 사고를 익힌다

지금까지 예상하지 못했던 곳으로 눈을 돌린다

신규 사업을 성공시킬 수 있는 새로운 방법을 모색한다

실패하든 비난을 받든 도전을 멈추지 않는다

'위'가 아닌 '옆'에서 답을 찾는다

실천
비즈니스
전략 매뉴얼

혁신적인 사고를 익힌다

지금까지 예상하지 못했던 곳으로
눈을 돌린다

대기업의 중요한 과제 중 하나는 신규 사업을 시작해 궤도에 올려놓는 것이다.

이것은 전 세계의 어느 기업이든 경영진들의 공통 과제이다. 구조조정이나 비용 삭감을 반복하거나 새로운 마켓을 개척하는 일도 물론 필요하다.

하지만 아무리 머리를 굴려도 같은 사업을 계속하는 한 어딘가에서 반드시 막힌다. 기술이나 서비스가 진부해지고, 마켓 자체가 사라지는 경우도 종종 있다. 기업을 유지하고 성장시키려면 새로운 생각을 할 필요가 있다.

하지만 다양한 조사 결과를 봐도 대기업의 신규 사업은 대부분 실패로 끝나고 말았다. 그 원인을 살펴보면 기존의 회사 시스템이 신규 사업을 방해하기 때문이다.

당연한 이야기이지만 기업은 지속적인 이익을 추구하지 않으면 안 된다. 그 이익의 대부분을 차지하는 것이 기존의 사업이다. 즉, 기업은 기존의 사업을 효율적으로 운용할 수 있는 시스템을 만들고 그에 맞춰 조정해나간다.

　하지만 그 기존 사업을 위한 시스템이 세련되고 효율적이면 효율적일수록 신규 사업에는 큰 걸림돌이 된다. 장기적으로 보면 기업 자체의 목을 조르는 셈이다. 대부분의 대기업은 이러한 구조적인 모순을 떠안고 있다.

　물론 우수한 비즈니스 엘리트는 그런 기업이 안고 있는 모순을 잘 알고 있다.

　따라서 그들은 왜 신규 사업은 성공하지 못하는지, 그리고 신규 사업을 성공시키기 위해서는 무엇이 필요한지에 대해 쉬지 않고 연구한다.

　EMBA에는 새로운 테크놀로지를 어떻게 매니지먼트해 비즈니스화하는지를 배우는 '테크놀로지 매니지먼트' 코스가 있다. 또한 기업 내에서 탄생한 벤처를 어떤 식으로 키우고 궤도에 올리는지에 대해 연구하는 기업 내 '안트러프러너십entrepreneurship기업가 정신'이라는 수업도 인기가 많다.

　대기업이라는 시스템과 문화 안에서 신규 사업을 어떻게 만들고 키워나가야 할까? 이것은 전 세계 비즈니스 엘리트들이 안고 있는 공통된 과제이다.

아무것도 시작할 수 없는
철벽의 논리

———

　이번 주제는 기존 사업과 신규 사업은 모든 측면에서 다르다는 점을 인식하는 데서부터 시작해야 한다. 이것은 대기업과 벤처기업의 차이를 인식하는 것과 거의 비슷하다.

　우선은 문화부터 살펴보자.

　기업(특히 대기업)은 리스크를 피하려는 경향이 짙다.

　새로운 사업을 하려고 하면 다음과 같은 생각부터 하게 된다.

○ 성공률은 어느 정도인가?

○ 이익은 얼마나 얻을 수 있는가?

○ 비용이나 시간을 얼마나 투자해야 하나?

○ 투자한 만큼 수익을 얻을 수 있을까?

　물론 성공률을 따지거나 이익 구조를 분석하는 것은 반드시 필요한 과정이지만, 기존의 시스템과 문화를 바탕으로 신규 사업을 분석 또는 해석한다면 결국 아무것도 시작할 수 없다. '굳이 이런 리스크를 안지 말고 기존 사업에 좀 더 신경을 쓰면 효율적으로 안전하게 돈을 벌 수 있지 않을까?' 하는 식으로 결론이 나기 때문이다.

이것은 기업의 논리로서는 가장 설득력 있는 주장이지만, 이 대기업의 문화는 신규 사업의 큰 걸림돌이라는 사실을 인지해야 한다.

존재하지 않는 시장은
예측이 불가하다

'신규 사업의 성공률은 어느 정도일까?' 라는 질문에 대답할 수 있는 마켓의 데이터가 준비되어 있지 않은 경우도 많다.

하버드 비즈니스 스쿨의 교수인 데이비드 A 가빈과 컨설턴트인 린 C 레베스크가 발표한 리포트에는 최첨단 제품이나 아직 보급되지 않은 기술을 다룰 때에는 "시장을 예측하기 어렵다. 무엇보다 시장 그 자체가 존재하지 않기 때문이다……"라는 기술 컨설턴트의 말이 소개되어 있다. 신규 사업이란 그런 것이다. 지금까지 아무도 건드리지 않은 미개척 시장에 발을 들이는 것이다.

신규 사업은 대기업의 견고한 결재 시스템을 통과시키거나 경영진을 납득시킬 만한 준비를 할 수 없는 것은 당연하다. 가령 어느 정도 예측했다고 해도 그것은 신뢰성이 떨어지기 때문에 결과가 예측을 크게 벗어나는 경우도 적지 않다.

어느 제조회사에서는 신규 사업의 초기 재무예측을 SWAG(Scientific Wild-Ass Guess, 과학적 근거 없음)라고 부른다. 이는 단순한 농담이 아니다. 신규 사업의 마켓을 예측하는 데 과학적 근거가 없다는 것은 부정할 수 없는 사실이다.

경영진은 이 현실을 받아들여야 한다.

이러한 이해 없이 그저 '신규 사업이 필요하다, 이노베이션을 제시하라'는 말을 직원들에게 해봤자 돌아오는 것은 좌절뿐이다. 이는 과거의 많은 실패 사례가 증명하고 있다.

혁신적인 사고를 익힌다

신규 사업을 성공시킬 수 있는
새로운 방법을 모색한다

기업 내에서 새로운 사업을 어떻게 시작해서, 신규 사업으로 성공 시킬까?

특히 기업 입장에서는 '신규 사업의 품질 문제'또한 큰 검토 과제 중 하나이다.

기업 측에서는 회사의 이름을 걸고 하는 사업이기 때문에 제품의 레벨이나 품질에 연연할 수밖에 없다.

기업에 대한 소비자의 신뢰를 생각하면 품질을 유지하고 브랜드를 지키는 것은 굉장히 중요한 일이다.

하지만 신규 사업이나 기업 내 벤처인 경우 제품이 높은 레벨에 도달할 때까지 실험, 연구, 검증을 반복하다 보면 아무리 시간이 지나도 적절한 타이밍에 제품을 시장에 내놓을 수 없다. 개발 스피드라는 면에서도 비효율적이다.

오히려 어느 정도의 형태가 갖추어지면 서서히 시장에 투입해서 피드백을 받으면서 개발을 지속하는 쪽이 효율적이다.

바로 '트라이&에러^{try & error}시행착오' 정책으로, 실패를 전제로 한 시도를 반복함으로써 제품이나 서비스의 질을 높여 마켓의 니즈에 맞춰나간다.

신규 사업에는 이러한 모험적인 방법이 필요하다.

하지만 머리로는 알아도 실제로 조직 안에서 그것을 실천하려고 하면 대기업의 품질, 브랜드가 그것을 가로막는다. 이것이 대기업의 숙명이다.

그렇기 때문에 '신규 사업이란 이런 것이다'라는 확실한 이해와 신념을 가진 리더(가능하면 경영진)의 존재가 반드시 필요하다.

리더가 강한 권한과 결단력을 가지고 사업을 지켜내면 비로소 대기업에서의 안트러프러너십(기업가 정신)이 제 역할을 한다. 야심찬 비즈니스 엘리트나 경영진들이 '기업 내 테크놀로지 매니지먼트'나 '기업 내 안트러프러너십'의 요점을 배우는 최대 가치는 거기에 있다.

신규 사업을 한다면
5년은 기다려야 한다

신규 사업은 시간, 타임라인에 대해서도 기존 사업과 전혀 다른 판단 축이 필요하다는 사실을 잊어서는 안 된다.

신규 사업은 조직 내 짐이 될 가능성이 높다. 어찌 보면 '대체 언제부터 이익을 내는 거야?' 같은 압박을 받으면서 일하는 것은 신규 사업 팀의 숙명이라고 할 수 있다.

하지만 사업 시작 후 실제로 이익을 낼 때까지의 타임라인을 기존 사업의 그것과 단순 비교하는 것은 아무런 의미도 없다.

이런 면에서 역시 경영진의 참여가 불가피하다. 기존 사업과 전혀 다른 타임라인을 설정하지 않으면 신규 사업은 성장할 수 없다는 사실을 경영자나 임원진들이 이해하고, 사업을 지켜내지 않으면 신규 사업은 조직 안에서 밀려나고 만다.

사업 내용에 따라 다르지만 신규 사업이 1년 만에 결과나 이익을 내는 것은 비현실적이다. 평균 3년 정도, 일본의 경우에는 5년 정도를 버틸 각오를 하지 않으면 기업 내 벤처는 키울 수 없다.

EMBA 수강생 중 한창 개혁 중이던 IBM에 다니는 사람이 있었는데, 그가 말하기를 '이노베이션 팀만은 평가 지표를 전혀 바꾸지 않았다'고 한다. 보통 다른 팀은 3개월, 6개월에 한 번씩 평가하지만, 이노베이션 팀은 '3년 계획 중 1년차에는 어느 정도 진척이 되어야 할까?'하는 장기적인 평가 지표를 설정했다고 한다.

신규 사업을 지탱하기 위해서는 이처럼 기존 사업과는 다른 지표를 검토해 설정해야만 한다.

진지한 판단은
새로운 사업을 방해한다

———

신규 사업을 진행할 때에는 충분한 타임라인과 마찬가지로 넉넉한 예산도 확보되어야 한다.

다만 돈에는 예산과 이익이라는 두 가지 측면이 있다는 사실을 잊어서는 안 된다.

신규 사업이 실패하는 커다란 요인 중 하나가 '서서히 예산을 줄인다'는 피하기 힘든 현실을 들 수 있다.

구조적으로 기업의 예산 제도는 안정된 기존 사업에 유리하게 움직인다. 보통 수익이 확실한 곳에 돈을 투자하지, 아무것도 예측할 수 없는 신규 사업에 자금을 투입하는 경우는 극히 드물다. 신규 사업의 커다란 벽 중 하나이다.

또한 회사 전체의 이익이나 주가의 전망이 어두워지면 비용 절감, 구조 조정 이야기가 나오는데, 가장 먼저 표적이 되는 대상은 당연히 이익을 내지 못하는 신규 사업이다.

어쩔 수 없는 현실적인 경영 판단이지만 그런 기준으로는 신규 사업을 성장시킬 수 없다. 장기적으로 보면 기업의 성장이 멈추는 것이 눈에 보인다.

신규 사업에 맞는 타당한 타임라인을 설정했다면 그 기간에는 충분한 예산이 확보될 수 있는 시스템, 혹은 리더십이 필요하다. 경우에 따라서는 주주들을 납득시킬 만한 뛰어난 프레젠테이션 능력도 필요하다.

기존 시스템을
이용하지 않는다

———

대기업에서 신규 사업을 할 때 기존 시스템(채널이나 인사 따위)을 활용하면 처음부터 시작하는 것보다 훨씬 유리하다고 말하는 사람이 종종 있다.

하지만 여기에도 큰 함정이 있다.

기존 제품과 신규 제품은 판매 채널, 제작 및 판매 과정도 전혀 다른 경우가 대부분이기 때문이다. 그럼에도 불구하고 기존 시스템을 그대로 이용해 결과가 좋지 않으면 '이렇게 좋은 판매 루트가 있는데 판매량이 늘지 않는 것은 가능성이 없기 때문이다'라고 판단해 버리는 경우가 많다.

이 점을 이해하고 새로운 전략(살릴 것과 버릴 것을 잘 판단 한 후, 처음부터 다시 시작하는 것)을 세우지 않으면 비참한 결과가 기다린다.

새로운
평가 기준을 만든다
———

이익에 대해서도 신규 사업에 맞는 목표 설정이 필요하다.

이를테면, 책을 한 권 만들면 1만 부 이상 팔아야 한다는 기존 사업의 수익 라인이 있다고 해도 책과 다른 새로운 콘텐츠 비즈니스를 할 경우에는 기존과 다른 평가 지표가 필요하다. 같은 기준으로 판단해서는 안 된다.

상사가 "그 콘텐츠 비즈니스는 어느 정도 팔릴 거 같은가?"라고 물었는데, 개발 담당자가 "대략 한 달에 100권 정도 예상합니다"라고 대답했다고 가정하자. 그럼 상사는 바로 "그럼 남는 게 있겠느냐"며, 그런 비즈니스를 꼭 해야 하냐는 식으로 비관적인 결론을 내린다.

기존 사업의 지표로 신규 사업의 가치를 계산하다 보면 누구나 그런 결론을 내릴 수밖에 없다.

그 결과, 신규 사업을 할 예정이었으나 신규 사업을 포기하고 대신 기존 사업에서 살짝 버전을 바꾸는 정도에 안주하는 경우가 많다.

그렇다고 이익을 무시하라는 것은 아니다. EMBA에서는 어느 정도의 기간에 어떤 기준으로 신규 사업을 평가해야 하는지 구체적으로 배울 수 있다. 그 기준은 사업의 규모 등에 따라 다양한 변화를 생각할 수 있다.

앞에서 말한 IBM에 다닌 수강생은 목표 달성 액이 아닌 얼마나 새로운 것을 만들어냈는지를 측정하는 평가 기준을 만들어 이노베이션 팀을 평가했다고 말했다.

다만 어떤 타임라인에서 어떤 지표를 활용해 사업의 진척을 검증할지는 전문적인 판단이 필요하다. 검증 시스템을 실제로 운용하려면 전문가를 부르거나 혹은 직원을 전문가로 양성해야 한다.

비즈니스 엘리트는 이노베이션 사업을 위해 필요한 모든 것을 이해한 뒤에 비즈니스 환경을 조정해주는 역할을 해야 한다. 그래서 그들은 오늘도 쉬지 않고 관련 지식을 쌓는다.

혁신적인 사고를 익힌다

실패하든 비난을 받든
도전을 멈추지 않는다

신규 사업, 기업 내 벤처를 성공시키기 위한 또 하나의 큰 열쇠는 '인사'에 있다. 그래서 비즈니스 엘리트들은 적절한 인사로 제대로 된 프로젝트 팀을 만드는 법에 대해서도 배운다.

기업 내에서 신규 사업을 벌이려면 '스스로 결단을 내릴 수 있는 적극적인 리더'가 필요하다. 리더십에는 다양한 타입이 있지만 신규 사업을 벌이려면 명확한 창조적인 리더가 필요하다.

조직의 TOP에 있는 사람들은 그런 인재를 제대로 골라 부서에 배치해야 한다. 그런데 가끔 이때 큰 실수를 저지르기도 한다.

별 생각 없이 젊고 혁신적인 인재를 리더 자리에 앉혀 버리거나, 미국에서 흔히 있는 일인데 사외에서 전문가를 리더로 데려오는 경우이다.

신규 사업에
젊은 리더는 맞지 않는다

———

　프로젝트를 힘차게 끌고 나간다는 면에서는 젊고 혁신적인 리더가 적임자일 수도 있다. 사외에서 리더를 영입하는 경우에는 신규 마켓에 정통한 인재를 선출할 수 있다는 메리트도 크다.

　하지만 이 일은 기업 내 벤처라는 사실을 잊으면 안 된다.

　기업 내 벤처로서 팀을 움직이려면 조직과의 관계를 무시할 수 없다. 회사 조직을 적으로 만들면 회사의 서포트를 얻을 수 없고 결국 신규 사업은 망할 수밖에 없다.

　기업의 간부가 신규 사업의 구조를 이해해야 한다는 말은 앞에서도 몇 차례 언급했다. 그와 동시에 프로젝트 팀은 조직의 이해를 받아야 한다. 그런 면에서 젊은 혁신파나 사외에서 영입한 리더는 문제가 되는 경우가 많다.

　따라서 혁신적인 베테랑이나 사내에서 이노베이션에 관한 실적을 지닌 실력자가 신규 사업의 리더로서 적임자라고 할 수 있다.

　리더 본인이 보수적이지 않다는 전제 조건이 필요하지만, 사내 직원들 사이에서 '저 사람이라면 협력할 수 있다' '저 사람 말이라면 신뢰할 수 있다'는 평가를 받은 사람을 리더 자리에 앉히면 절반은 성공한 셈이다.

실제로 3M이나 GE에서는 그러한 기준으로 팀의 리더를 선출해 다양한 성공 사례를 보여줬다.

유능한 사람일수록
도전에 소극적이다

그리고 한 가지 더.

인사제도에 관해서는 신규 사업에 도전했다는 커리어 자체를 어떻게 평가하는지도 굉장히 중요한 포인트이다.

신규 사업을 벌여 궤도에 올리는 데는 다양한 능력이 필요하다. 즉, 유능한 인재를 잡지 못하면 성공을 확신할 수 없다.

하지만 유능한 사람일수록 자신의 커리어에 흠을 내고 싶어 하지 않는다.

성공률이 낮은 신규 사업이 실패한다면 자신의 커리어에 상처만 남길 뿐이다. 그렇게 생각하는 것은 당연하다. 하지만 그러한 사고방식이나 분위기 자체가 사내 벤처의 걸림돌이 되는 것은 명백한 사실이다.

그래서 조직의 인사제도에는 도전이라는 커리어 자체를 평가해주는 시스템을 구축할 필요가 있다. 신규 사업 부문에서 3년 동안 일하면 부장으로 승진시켜 준다는 조건을 내걸거나 높은 연봉을 보증하는 케이스도 많다.

신규 사업은 성공보다 실패할 확률이 더 높다.

따라서 결과만이 아니라 도전하는 과정 자체를 평가하는 시스템을 도입해 필요한 인재를 갖출 수 있도록 한다. 극단적으로 말하자면 실패도 평가의 대상이 되는 것이다.

실패에도 가치가 있다

———

사실, 실패를 통해 많은 것을 배우고 그 다음에 성공하는 경우는 굉장히 많다. 그보다도 실패라는 경험칙이야말로 (개인으로서든, 조직으로서든) 성공을 위해 반드시 필요하다.

EMBA에서 대기업 간부나 기업가들과 이야기를 나누다 보면 '이런 경우 어떤 실패를 했고, 어떻게 잘되지 못했다'는 자신의 실패담을 늘어놓기 시작한다.

신규 사업에 실패한 이야기는 물론 중국이나 인도에 진출했을 때 일어난 문제들, 스태프와의 제휴 부족, 마케팅 실수 등등 그들의 모든 실패가 현재의 경영진을 만들었다고 해도 과언이 아니다.

그들은 공통적으로 도전 그 자체에 가치가 있다고 생각한다. 성공에 가치가 있다는 것은 말할 것도 없지만 실패에서도 가치를 확인하는 것은 세계적인 리더로서 갖추어야 할 자세이다.

하지만 도전 그 자체를 평가한다거나 혹시 실패하더라도 도전 자체에 가치가 있다는 사고방식은 일본인에게 익숙지 않다.

그렇기 때문에 일본에는 당연히 시스템이나 제도도 불충분하다.

일본의 국민성을 비난해도 어쩔 수 없지만, 그만큼 일본 기업은 문화, 가치관이라는 측면에서 혁신이나 기업가정신이 성장하기 어렵다는 사실을 자각해야 한다.

리더의 역할은 무슨 일이 있어도
끝까지 지켜내는 것이다
———

내(야마자키)가 겪은 예를 들면, 도시바에 다닐 때 사내 벤처로서 '도시바 다이렉트 PC'라는 해외용 컴퓨터의 다이렉트 판매를 한 적이 있다. 나랑 또 다른 한 사람이 한 팀이 되어 우리는 사업 플랜을 기획하고, 고객관리 데이터베이스부터 콜센터 시스템까지 구축했지만, 역시 기존 채널 담당자와 사업부는 우리가 자신들의 비즈니스를 방해한다며 많은 압력을 가했다.

하지만 이때 PC사업의 사업 부장과 임원이 우리 팀을 음으로 양으로 서포트 해줘 마지막까지 살아남을 수 있었다. 결과적으로 이 사업은 수백억 원에 달하는 비즈니스로 성장했다. 당시 힘을 실어준 사업 부장과 임원에게 새삼 감사 인사를 전하고 싶다.

정리하자면 리더는 신규 사업은 기존 사업과 '전혀 다르다'는 사실을 인지해야 한다. 시간적으로나 문화적으로, 구조적으로, 그리고 성공의 지표도 다르다.

그리고 신규 사업에는 에이스급 인재를 배치해, 도전과 실패가 커리어에 도움이 되는 시스템을 구축해야 한다.

그리고 가장 중요한 것은 직위가 높은 리더가 신규 사업에 관여해 약속한 기한까지 버틸 수 있도록 힘을 실어 줘야 한다. 이 모든 것을 이해하는 수준 높은 보호막이 없다면 신규 사업은 쉽게 무너지고 만다.

혁신적인 사고를 익힌다

'위'가 아닌
'옆'에서 답을 찾는다

기업의 입장에서 신규 사업을 키우는 것은 중요하다. 하지만 기업마다 신규 사업을 필요로 하는 정도는 다르다. 혁신적인 비즈니스 모델을 필요로 하는 기업이 있는가 하면 그다지 절박하지 않은 기업도 있다.

비즈니스 엘리트들은 그 차이를 판단하는 방법에 대해서도 부지런히 공부한다. 그래서 그들은 어떤 상황에서 혁신적인 비즈니스 모델이 필요한지에 대해서도 구체적으로 연구한다.

제품의 기능이 너무 복잡하면
전망이 없다

신규 사업의 필요성을 알 수 있는 큰 지표 중 하나는 상품이 너무 복잡해지지 않았는지 확인해 보는 것이다.

대기업에서는 상품이 너무 복잡해진 결과, 비용이 늘어나고 고객이 그 비용을 떠안는 케이스가 종종 있다.

텔레비전이 그 대표적인 예이다.

한때 가전제품 업체들은 굉장히 얇은 텔레비전을 잇달아 내놓았다. 선명한 화상, 녹화 기능, 컴퓨터와의 연동성 등등 다양한 기능을 탑재시켜 어느새 텔레비전이 녹화기나 컴퓨터의 역할을 대신할 만큼 고기능 제품이 되었다.

그 기술은 대단했고, 확실히 성능도 향상됐다.

하지만 그렇다고 고객들의 만족도가 높아졌는가 하면 절대 그렇지 않다. 판매 가격이 몇 배나 오르고, 덤으로 조작도 어려워졌다. 고객의 니즈와는 동떨어진 기술력과 성능이었다.

바로 너무 복잡해진 것이다.

텔레비전 같은 일반적인 가전제품은 기능이 지나치게 복잡하고 가격이 급등하면 시장에서 승자가 되기는 힘들다.

심플하고 파괴적인 이노베이터가 출현하기 때문이다.

파괴적인 이노베이터란 기존과 다른 척도에서 뛰어난 상품(품질은 떨어지지만 압도적으로 저렴한 가격 따위)을 개발해 기존의 마켓을 뒤집는 존재를 말한다.

고가격, 고기능의 텔레비전이 판치는 마켓에 저렴한 가격으로 시청하는 데 문제없는 텔레비전이 등장하면서 시장 점유율이 뒤집히는 장면을 목격할 수 있다. 대부분의 소비자들은 텔레비전에 그렇게 많은 역할이나 높은 성능을 요구하지 않기 때문이다.

고가격, 고기능을 내세운 일본 텔레비전을 비웃듯이 저가의 한국제나 중국제 텔레비전이 날개 돋친 듯이 팔린 케이스를 다들 기억할 것이다. 일본 국내뿐만 아니라 전 세계의 마켓을 보면 그 경향은 이미 뚜렷하다. 그 결과, 텔레비전 제조에서 철수한 일본의 가전제품 업체는 완패를 당했다.

이처럼 상품이나 서비스가 너무 복잡해지고 비용이 너무 많이 드는 상황이 되었다면 그 상품이나 서비스의 전망은 어둡다는 사실을 하루빨리 인식해야 한다. 그때, 한층 더 고기능(이라는 이름의 복잡성)을 추구하거나 자사 상품의 우위성을 PR하는 데에만 기를 쓴다면 마켓에서 완전히 뒤처지게 된다.

틀림없이 혁신적인 비즈니스 모델이 필요한 상황이다.

비즈니스의 흐름은
한순간에 바뀐다
―――

혁신적인 기술이 등장하면서 업계의 모습이 완전히 바뀌는 경우도 있다.

휴대용 음악 플레이어의 변천 사례가 가장 이해하기 쉬울 것이다. 카세트테이프에서 CD로, 한때는 MD도 많이 팔렸지만 금세 MP3플레이어로 대체되었다.

이처럼 마켓을 바꾸는 새로운 기술이 등장하면 기업으로서는 방향을 전환하지 않을 수 없고, 신기술의 개척자가 되면 단숨에 마켓의 우승자가 된다.

휘발유로 움직이는 것이 당연한 자동차가 전기나 수소의 힘으로 움직이게 되면 당연히 자동차 업체들은 새로운 기술이나 서비스를 갖춰야 한다. 다양한 데이터를 컴퓨터 안에 보존하던 시대에서 클라우드 서버 관리가 주류가 되면 그에 따른 기술 혁신이나 비즈니스 모델이 필요하다.

어떤 업계이든 하나의 기술 혁신이 일어나면 거기에 맞춰 차례차례로 기술 혁신이 요구된다.

EMBA 수업을 듣는 비즈니스 엘리트들 역시 신기술에 대한 관심이 높다.

웨어러블 단말이 화제가 되기 시작했을 때(10여 년 전이다) 운동 결과 따위를 자동적으로 디바이스에 반영시키는 기술을 개발한 프로덕트 매니저가 있었는데, 그는 지금 착실하게 시장을 확보하고 있다.

테슬라모터스 극동 지배인을 맡고 있는 K(eBay 출신이기 때문에 엘론 머스크와도 친한 것 같다)도 '전기 자동차'라는 단어가 생소한 시기부터 배터리식 전기 자동차에 도전해 지금은 대성공을 거두었다.

그들은 늘 판단하는 속도가 빠르고, 수업 중에도 교수에게 공격적으로 질문해 많은 것을 배워간다. 한편, 그다지 도움이 될 것 같지 않은 인간관계는 단호하게 거절하는 냉정한 면도 있지만 이러한 자세는 유능한 비즈니스 엘리트들의 한 유형일 뿐이다.

위기일수록
시야를 넓혀야 한다

업계 내에 혁신적인 신기술이 등장하고 마켓이 일변한다.

이것은 기업의 입장에서는 굉장히 큰일이다. 하루 빨리 자사에서도 새로운 기술이나 서비스를 개발해 대항하지 않으면 안 된다.

휴대용 음악플레이어 시장에서 소니가 워크맨으로 마켓을 지배하자, 애플이 iPod으로 반박하고 나선 것을 생각해 보면 이해하기 쉽다.

다만, 이때 시야가 너무 좁아지면 안 된다.

기존 마켓에서 기술 혁신이 일어나면 많은 사람이 같은 필드에서 더 좋은 기술을 개발하려고 하지만, 그것이 유일무이한 방법은 아니다.

이를테면, 후지필름처럼 기존 시장을 버리고 전혀 다른 필드에서 승부에 나서는 방법도 있다는 사실을 잊어서는 안 된다.

후지필름은 사진용 필름의 톱 브랜드이다. 한 번 쓰고 버리는 일회용 카메라의 폭발적인 히트로 카메라 시장을 격변시킨 업계의 이노베이터이자, 사람과 카메라를 가깝게 만든 공로자라고 해도 좋다.

하지만 이러한 업계의 영웅도 디지털 카메라의 등장으로 인해 순식간에 궁지에 몰렸다. 이윽고 카메라가 휴대전화에 탑재되자 필름을 사용하는 사람이 줄어들면서 마켓 자체가 사라져 버렸다.

후지필름은 최악의 역풍은 맞은 것이다.

그 상황에서 그들이 '동일 업계에서 승부를 걸겠다'는 발상에 사로잡혀 있었다면 당연히 디지털 카메라를 무기로 계속 경쟁했을 것이다.

그것의 미래에 어떤 결과가 기다리고 있을지는 아무도 알 수 없다.

돈이 흐르지 않는 시장에서는 성공할 수 없다

하지만 후지필름은 카메라, 사진과는 전혀 다른 화장품, 헬스 케어 분야로 눈을 돌렸다. 같은 필드에서 '위'를 바라보기를 그만두고 '옆'으로 눈을 돌린 것이다.

카메라로 촬영한 것을 필름으로 인화해 그것을 사진으로 인화지에 옮겨 정착시킨다는 것은 굉장한 고도의 기술을 요한다. 그들은 상품이나 서비스, 업계에 얽매이지 않고 자신들이 가지고 있는 기술 자체에 주목해 그 기술을 살릴 수 있는 방법을 스스로 찾아냈다.

보통 사람들이 보면 필름에서 화장품으로, 너무나 무모한 방향 전환처럼 느껴질지도 모르지만 타고난 기술을 살린다는 시점에서 생각하면 굉장히 논리적인 발상의 전환이다.

후지필름처럼 업계에 기술혁신이 일어나고 마켓이 일변하는(혹은 소멸하는) 위기에 빠졌을 때는 틀림없이 기술혁신이 필요하다. 누구든지 어떻게든 라이벌에 대항할 궁리를 할 것이다.

하지만 그런 궁지에 몰렸을 때에는 정말 이 업계에서 승부하는 것이 맞는 건지 재검증해보고, 자사의 기술을 살려 다른 업계에서 승부할 수 있는 방법은 없는지 유연한 발상을 할 필요가 있다.

나(야마자키)는 벤처 사업을 했다가 실패한 경험이 있는데, 이 판단을 잘못했기 때문이다. Java를 사용한 모바일 앱을 개발해 아직 경쟁이 치열하지 않았던 게임 사업에 도전했다. 하지만 연봉이 센 Java 엔지니어를 데리고 많은 개발비를 투자한 만큼 마켓은 성공하지 못했다.

사업을 할 때는 시장에 경쟁력이 충분한 돈이 흐르고 있는지 파악하는 것도 중요하다.

새로운 솔루션을 제시한다

고객의 니즈나 과제에 대해 전혀 다른 접근으로 기존에는 없었던 해결책(솔루션)을 제공하는 플레이어가 업계 내에 나타나면 변혁이 필요한 순간이다.

이를테면, 국내선 노선이 많은 미국의 공항에서는 2시간 이내에 읽을 수 있는 책이 꽤 잘 팔린다. 공항에서 가벼운 마음으로 사서 기내에서 읽고 끝내는 독자들이 자리를 잡아갔다. 당연히 공항 서점에는 주로 2시간 안에 읽을 수 있는 분량의 책(가격도 저렴한 책)이 진열되어 있다.

그런데 이 마켓에 새로운 솔루션을 제공하는 플레이어가 등장했다. 바로 킨들이다. 종이 책과 달리 물리적으로 책을 들고 다닐 필요가 없기 때문에 여러 권을 휴대할 수 있고, 이동 중에 읽을 책이 없다면 서점에 들르지 않고 걸으면서 다운로드해 기내에서 읽을 수도 있다. 게다가 서점에서 파는 것보다도 훨씬 많은 종류의 책 중에서 마음에 드는 것을 고를 수 있다.

이처럼 완전히 새로운 접근에 의해 고객에게 솔루션을 제공하는 존재가 나타났을 때는 변혁이나 기술 혁신이 필요한 상황이라고 할 수 있다.

미국은 땅이 넓기 때문에 서점까지 거리가 멀거나 책을 사러 서점에 갔는데 원하는 책을 찾지 못하는 경우도 많다. 또한 아마존에서 책을 구입하려 해도 일본처럼 무료배송 같은 시스템이 없기 때문에 배송료를 추가로 지불해야만 한다.

그런 소비자에게 즉시, 저렴한 가격으로 책을 읽을 수 있다는 이점을 가진 전자서적은 완전히 '새로운 형태의 솔루션'을 제공한 셈이다.

어떻게 차별화할지
철저히 파고든다

———

마지막으로 한 가지 더. 상품이나 서비스가 일용품화(어느 것을 사도 큰 차이가 없는 상태)되었다면 조급한 기술혁신이 필요한 상황이다.

휴대전화, 텔레비전, 컴퓨터 등등 어떤 상품, 어떤 서비스에도 새로운 기술이 있는 동안은 차별화 할 수 있지만 후발 상품이 어느 정도 나오고 나면 마켓이 성숙해지면서 결국은 일용품화 된다.

이런 상황이 되면 결국 치열한 가격 경쟁에 빠져 기업들은 점점 힘들어진다.

EMBA 수강생 중에 유니레버에서 컨트롤러(일본의 재무 부장에 해당)를 역임한 사람이 있었는데, 그는 일 년 내내 라이벌인 P&G의 신상품 판매 전략을 파악하고 자사의 대항 제품에 얼마나 예산을 투자할지 검토했다고 한다.

화장품 업계는 대표적인 일용품화된 과당경쟁 시장으로 투자금이나 판매 채널의 경합에 따라 승부가 가려지는 경우가 많다. 화장품 업계에 관계자들은 매일 계산기만 두드리다 지친다고 푸념을 늘어놓기도 한다.

과자, 청량음료, 세탁기, 세제, 택배 등 모든 업계에서 일용품화가 진행되기 때문에 많은 기업들은 다른 제품과 차별화를 두고 소비자의 선택을 받을 수 있는 방법에 대해 절박하게 고민한다.

이노베이션은 차치하고 '디자인 가전제품'처럼 디자인에 모든 것을 걸거나, '지방의 흡수를 억제하는 차(茶)' 같은 미용이나 건강을 타깃으로 하는 것도 하나의 방법이다. 하지만 그것도 금세 일용품화 될 것이다.

따라서 기업을 리드하는 비즈니스 엘리트들은 항상 이노베이션을 연구하면서 라이벌이 흉내 낼 수 없는 기술 혁신을 이루고, 적절한 비즈니스 모델을 만드는 방법을 모색해야 한다.

4 장

이길 수 있는 모든 방법을
머릿속에 주입한다

마켓의 승자가 되는 기술

'무엇으로' 보다 '어떻게 이길 것인가'를 고민한다

유일무이한 존재가 되는 방법을 찾는다

「선도할지」, 「후발주자」가 될지 자신의 일을 재검토한다

한 번에 성장할 수 있는 야심찬 방법을 배운다

실천
비즈니스
전략 매뉴얼

마켓의 승자가 되는 기술

'무엇으로'보다
'어떻게 이길것 인가'를 고민한다

EMBA를 졸업한 어느 일본 경영자에게 EMBA에서 가장 열심히 공부한 것은 무엇이냐고 물었더니 역시 '이노베이션'이라는 대답이 돌아왔다.

그는 부친이 설립한 IT 사업을 이어받아 지금은 IT뿐만 아니라 인재 비즈니스로 회사를 경영하고 있는데, 처음에는 자신의 업계와 이노베이션은 그다지 관계가 없다고 생각했다고 한다. 테크놀로지에 이노베이션의 여지는 없는 것 같았기 때문이다.

하지만 이노베이션에 대해 배우면서 중요한 것은 테크놀로지가 아니라 비즈니스 모델의 이노베이션, 경영 자체의 이노베이션이라는 사실을 깨달았다고 한다. 그는 이노베이션에 대해 끝까지 파고들어 공부하고 시행착오를 거듭한 끝에 일본에서 하던 IT 사업과는 전혀 다른 비즈니스 모델로 지금은 인도네시아에서 인재 비즈니스를 전개하고 있다.

사람들은 보통 이노베이션에 대해 배운다고 하면 테크놀로지의 비약적인 진화를 이루는 방법에 대해 배울 거라고 생각한다. 하지만 전 세계에서 활약하는 비즈니스 엘리트들은 '어떻게 하면 이노베이션을 비즈니스로 연결할 수 있는가'하는 방법에 대해 머리를 싸맨다. EMBA의 '테크놀로지 매니지먼트'라는 수업이 이에 해당한다.

세계적으로 유명한 한 투자가는 '역사적으로 보면 비즈니스 모델이 아닌 테크놀로지에 의지한 비즈니스는 실패했다'고 말했다. 따라서 비즈니스 리더들은 '성공하는 테크닉을 좇을 게 아니라 성공할 수 있는 방법'을 연구하고 고민해야 한다.

특히나 디지털 시대인 지금 테크놀로지 자체는 쉽게 복사할 수 있다. 그렇다면 복사할 수 없는 건 무엇일까? 바로 사람과 조직이다. 구체적으로는 문화, 프로세스, 노하우 그리고 고객과 고객의 마음에 담긴 브랜드 등이다.

누구와 손을 잡느냐에 따라 승부가 달라진다

1992년, 미국의 다국적 컴퓨터 정보 기술업체인 휴렛패커드가 키티 호크라는 소형 하드 디스크를 만든 적이 있다. 고성능으로 대단한 기술력을 자랑했지만, 결국 이것은 일부 소형 노트북에 탑재되면서 소리 소문 없이 사라졌다. 당시의 기술을 생각하면 충분히 기술 혁신, 이노베이션이라고 불릴 만한 물건이었지만 화제조차 되지 못했다.

하지만 그 뒤, 도시바가 비슷한 기술을 이용한 작은 하드 디스크를 만들었는데, 이 하드 디스크는 폭발적인 반응을 보이며 엄청나게 많이 팔렸다.

대체, 그 이유는 뭘까? 원인을 찾아보니 그 차이는 단순했다. 도시바에서 개발한 작은 하드 디스크가 iPod에 탑재되었기 때문이다.

이 사례는 기술력이 아닌 누구와 손을 잡느냐에 따라 비즈니스가 크게 좌우된다는 사실을 증명해주었다. 아무리 뛰어난 테크놀로지라도 제휴 업체를 찾지 못하거나 잘못 택하면 비즈니스로 이어지지 못할 뿐 아니라 세상에 나오지도 못하고 묻혀 버리기 십다.

대기업이 아닌
'1번 핀'을 공략한다

———

킨들의 페이퍼 화이트에 채택된 E잉크라는 기술도 마찬가지이다.

E잉크의 기계 장치를 간단히 설명하면 수백만 개의 흑백 입자로 구성되어 있는데, 이 입자들이 전기 자극에 따라 반응해 그림이나 글씨를 새긴다. 보통 액정 패널처럼 강한 전기로 비추지 않아도 표시된 문자나 그림이 그대로 남아 있기 때문에 소비전력이 낮다는 것이 가장 큰 특징이다.

하지만 이 E잉크도 액정 패널 업계에서는 아무도 거들떠보지 않았다. 선명하고 컬러풀한 액정 패널이 속속 등장하고 있는데 굳이 흑백에다 어둡기까지 한 패널을 찾는 회사는 없었다.

E잉크 역시 세상에 나오지 못하고 끝나 버린 테크놀로지 중의 하나로 운명을 맞을 줄 알았다.

하지만 E잉크를 개발한 회사는 끝까지 포기하지 않고 제휴업체를 찾았다. 결국 아마존이라는 조직에 접근해 킨들이라는 상대를 찾아내는데 성공했다. 페이퍼 화이트라는 가볍고 얇으면서 충전 횟수가 극히 적은 상품에 E잉크의 특성이 딱 맞아떨어졌다.

그 뒤로는 많은 사람들이 알고 있는 대로 E잉크는 승승장구했다.

만약 E잉크를 개발한 회사가 '컴퓨터용 액정 패널'이라는 좁은 영역에 집착했다면 오늘의 성공은 없었을 것이다.

하나의 테크놀로지를 비즈니스화하려면 상품이나 서비스의 개성 및 장점을 이해한 뒤 좀 더 폭넓고 유연한 사고방식으로 '상품을 활용할 방법'에 대해 고민하고 적절한 상대를 찾아야 한다.

그 '적절한 상대'란 무조건 대기업이라고 좋은 것은 아니다. 미국과 유럽에서는 '볼링을 칠 때 1번 핀을 쓰러뜨리라'는 말을 많이 한다. 즉, 협력함으로써 업계 전체에 파급력을 미칠 만한 상대를 택해야 한다.

자사 제품을 채용하는 데 의욕적이고 강한 메시지를 지닌 기업을 택하는 게 가장 현명하지만, 역시 케이스 바이 케이스이다. EMBA의 '테크놀로지 매니지먼트'수업에서도 수강생들은 어떤 경우에 어떤 포지션의 상대를 노려야 하는지에 대해 격렬한 토론을 벌였다.

만약 당신 회사의 테크놀로지 사업이 잘 풀리지 않는다면 그것은 테크놀로지의 문제가 아니라 제휴업체를 제대로 찾지 못했기 때문일지도 모른다. 따라서 재검증해 볼 필요도 있다.

제휴 업체 찾는 것을 비즈니스 모델이라고 하기에는 조금 안 맞을지 모르지만 '테크놀로지를 비즈니스화하고 마켓의 승자가 될 수 있다'는 의미에서 이것은 굉장히 중요한 요소이다.

그냥 '대단하다'는
인식을 심는다

인텔은 누구나 잘 아는 컴퓨터 CPU(중앙처리장치)의 톱 브랜드이다. 인텔의 CPU는 대단하다고 생각하는 사람이 많을 것이다.

그러나 그런 생각을 하는 사람들 중에 인텔과 타사의 기술을 비교해 본 사람이 있을까? 있다 해도 극소수일 것이다.

인텔의 CPU는 분명 기술적으로 뛰어나다고 할 수 있다.

하지만 대부분의 사람들은 정확한 검증 없이 그냥 '인텔의 CPU는 대단하다'고 믿어 버린다.

사업가들은 비즈니스를 할 때 이 부분에 주목해야 한다.

인텔은 뛰어난 기술력 이상으로 검증도 하지 않고 많은 사람들이 뛰어나다고 믿게 만들었다.

이 전략이야말로 탁월한 비즈니스 모델이다. '테크놀로지보다 비즈니스 모델이 중요하다'는 것을 증명한 사례이기도 하다.

'윈-윈'으로
이기는 게임을 만든다

한때, 텔레비전에서 나오는 컴퓨터 CM을 보면 반드시 마지막에 '바바바밤(*베토벤 운명 전주 - 주)'이라는 익숙한 음악과 함께 'intel inside'(인텔에 내장 됨)이라는 표시가 나타났다. 이 광고는 많은 사람들이 기억할 것이다.

또, 인텔의 CPU가 탑재되어 있는 컴퓨터에는 'intel inside'라고 적힌 작은 스티커가 붙어 있다. 마치 고품질을 보증하는 듯 한 느낌이 든다.

물론 이것은 인텔의 브랜딩 전략으로, 각 컴퓨터 제조업체가 CM에 'intel inside' 문구를 넣어주면 인텔이 돈을 환불해주는 시스템이다. 인텔의 CPU는 고가이기 때문에 인텔 입장에서는 이는 큰 문제가 되지 않았다. 절대적인 효과를 내는 광고비를 생각하면 오히려 이득일지도 모른다.

한편 컴퓨터 제조업체들은 컴퓨터 자체가 이익이 적은 상품이기 때문에 조금이라도 이익의 폭을 확보하기 위해 인텔의 제안을 받아들였다.

이 윈-윈 전략으로 intel inside의 브랜딩 캠페인이 대대적으로 펼쳐졌다.

지금은 당연한 이야기이지만 한 번 냉정하게 생각해 보자.

작은 부품을 만드는 기업이 본체를 만드는 컴퓨터 제조업체를 능가하는 브랜딩 전략을 펼친 것이다. 전대미문의 케이스일 것이다.

인텔의 이러한 발상과 비즈니스 모델은 높이 평가할 만하다.

'intel inside'의 광고가 전파를 타자, 이번에는 소비자들이 나서서 '컴퓨터에 인텔이 들어 있는가?', '인텔이 아니면 믿음이 안 간다'는 선입견을 갖기 시작했다. 어쨌든 '인텔=고품질'이라는 고객 심리를 키우는 데 성공했다.

결국 인텔의 의도대로 되었다. 완전히 이기는 게임이다. 이번에는 컴퓨터 제조업체 측이 '인텔의 CPU를 넣지 않으면 잘 팔리지 않고, 유저의 신뢰를 얻을 수 없다'는 현실을 받아들여 적극적으로 'intel inside'를 소비자에게 어필했다.

인텔의 브랜드 파워와 매상이 동시에 오르는 구조이다. 이렇게 해서 인텔은 단순한 부품 제조업체이면서 마켓을 지배할 만큼의 브랜드 파워를 얻었다.

물론 인텔이 계속 호조를 이어가리라는 보증은 없다. 2015년 현재, CPU사업은 쇠퇴하기 시작해 매상도 보합 상태이다.

하지만 컴퓨터가 폭발적으로 보급되기 시작한 인터넷의 여명기에 인텔이 테크놀로지뿐만 아니라 탁월한 비즈니스 모델을 택해 마켓의 우승자가 된 것은 틀림없는 사실이다.

마켓의 승자가 되는 기술

유일무이한 존재가 되는
방법을 찾는다

미국의 비즈니스 엘리트나 기업가들이 아이디어나 테크놀로지를 비즈니스화하는 데 있어 특히 중심적으로 연구하는 개념 중 CVP^{Customer value proposition}라는 것이 있다.

직역하면 '고객에 대한 가치 제안'이지만, 좀 더 넓은 의미로 해석하면 과제를 해결해줄 '대체 수단(방법)이 없는 상태'이다.

고객은 항상 과제를 지니고 있다.

예를 들어 보자. 이를테면, 회사에서 항상 따뜻한 커피를 마시고 싶어 하는 과제를 지닌 케이스를 살펴보자.

이 경우, 회사에 커피 자동판매기를 설치한다든가, 커피 메이커를 산다든가, 보온병에 커피를 담아 가지고 온다든가, 매일 따뜻한 커피를 배달시킨다든가. 등등 순간 떠오르는 해결책만도 몇 가지나 된다.

각각 해당 업자들이 이 '가치의 제안'을 고객에게 제시하고 고객이 받아들이면 구입으로 연결된다.

그러나 이 가치의 제안 중에서 가장 강력한 것이 대체할 수단이 없게 만드는 것이다.

예를 들어 어떤 사람이 집 근처에는 서점이 없는데 '꼭 필요한 책'이 있다는 과제를 안고 있는 경우, 아마존은 대체할 수단이 없는 유일한 방법일지도 모른다. 혹은 앨범 전부는 필요 없지만 한곡만 바로 사서 듣고 싶은 과제를 품은 사람에게 iTunes(PC에서 음악, 동영상, 사진 등 재생, 전송하는 프로그램) 스토어는 대체할 수단이 없는 유일한 대안이 될 수 있다.

이처럼 고객의 과제에 '대체 수단이 없는 방안'을 제공할 수 있다면 그것만으로도 마켓의 승자가 될 가능성이 높아진다.

EMBA 수강생 중에 마이크로소프트에서 모바일 OS 개발에 관여한 터키계 미국인이 있었는데 그는 예쁜 부인과 아이의 사진을 발매 전인 윈도우 폰에 넣어 보여준 적이 있다. OS의 완성도가 높아 조작하기도 쉬워 굉장히 매력적으로 보였다. 이 제품은 iPhone을 뒤집을 수 있을 것이라 믿었다.

하지만 결과는 모든 사람들이 아는 그대로이다. iPhone이나 안드로이드를 뒤집을 만한 대체 수단이 없는 방안은 제공하지 못했다.

일 년에 딱 한 권 팔리는 책으로
돈을 번다
———

'대체할 수단이 없는 방안'이라는 의미에서 아마존은 가려운 곳을 긁어주는 비즈니스를 전개하고 있다. 집 근처에 서점이 없는 사람에 책을 배달해주는 것도 그 중 하나이지만 다른 서점에서 구하기 힘든 책을 판다는 것도 아마존의 강점 중 하나이다.

1년에 한 권밖에 안 팔리는 아이템이라도 그런 아이템이 많이 있다면 비즈니스가 된다. 여기에서만 구할 수 있다는 상황은 강렬한 CVP가 된다. 그 점에 아마존은 주목하고 고객에게 가치를 제안했다.

아마존은 비용이 많이 들지 않는 사막 한 가운데에 거대한 창고를 만들고, 배송 시스템을 효율화해 전 세계인의 일상의 작은 욕구와 평범한 과제를 철저하게 모았다.

일 년에 한 권밖에 팔리지 않는 책은 솔직히 상품으로서 가치가 있다고 말할 수는 없다. 하지만 그런 상품을 모으면 비즈니스가 된다. 그들은 그 점에 주목해 채산 분기점을 넘는 유통 시스템을 구축했다.

이것도 하나의 비즈니스 모델의 이노베이션이다.

틈새시장에서
살 길을 찾는다

그 외, 틈새시장에서 살 길을 찾는 방법도 있다.

이것은 EMBA 교수가 직접 실천한 비즈니스인데, 그 교수가 경영하는 회사에서 거대한 스프레이로 굉장히 큰 물건을 도장하는 기술을 개발했다고 한다. 잉크젯 프린터의 거대 판이라고 생각하면 된다.

그 제품을 개발할 즈음, 이 제품을 누가 필요로 할지, 의문을 품었다고 한다. 그런데 뚜껑을 열어 보니 미국 육군이 두 팔 벌려 환영하며 단골이 되었다. 전차를 비롯한 군용차를 사막에 대응할 수 있는 위장 컬러로 도장해 달라는 주문이 들어왔다.

그동안 대형 차량을 도장하려니 많은 시간과 비용이 들었는데, 이 회사에서 개발한 대형 머신으로 도장하니 눈 깜짝할 사이에 위장차가 완성되었다.

틈새시장이지만, 미국 육군 입장에서 보면 비용과 시간이라는 측면에서 '대체 수단이 없는 선택지'였다.

결정적인 차이를 만드는
4가지 포인트

어떻게 하면 좀 더 강력한 가치를 고객에게 제안할 수 있을까? EMBA에서는 이 노하우를 철저하게 배울 수 있다.

가장 중요한 것은 **돈**, **접근**, **기술**, **시간** 4가지이다.

이 중 하나(혹은 여러 개)만이라도 라이벌과 결정적인 차이가 생긴다면 그것은 틀림없이 대체 수단이 없는 유일한 방안이 될 수 있다. 순서대로 생각해 보자.

1) 돈(가격) ─ 저렴하다는 강력한 무기

우선은 돈부터 살펴보자. 이것은 문자 그대로 비용과 가격을 말한다.

파괴적인 이노베이터에 대해서는 앞에서도 다루었지만, 자신이 그 존재가 되면 마켓을 뒤집을 수 있다.

이를테면, 스마트폰 시장을 살펴보자. IDC^{Internet Data Center}에 따르면 2015년 제2사분기 전 세계의 스마트폰 출하 대수는 삼성이 1위, 애플이 2위, 화웨이와 샤오미가 각각 3위와 4위를 차지했다. 얼마 전까지는 삼성이 압도적으로 시장을 지배했지만 지금은 저가로 판매하는 중국 벤

더(화웨이, 샤오미)가 맹렬히 추격하고 있으며, 일본 벤더는 찾아볼 수도 없다.

단순한 가격 경쟁되어 버린 상황을 기업은 환영하지 않겠지만 저가로 소비자에게 어필하는 것은 역시 빼놓을 수 없는 요소이다.

2) 접근 ─ 손에 넣기 쉬운 것이 잘 팔린다

접근이란 단적으로 말하자면 손에 넣기 쉬운 것을 말한다.

킨들이나 iTunes는 집에서 원하는 상품을 간단히 다운로드로 손에 넣을 수 있다. 원하는 순간 손에 넣을 수 있다는 것은 고객에게 큰 매력으로 다가갈 것이다.

특히 일용품화가 진행된 마켓에서 구하기 쉽다는 것은 구매의 결정적인 근거가 되기도 한다. 감자 칩을 사려는 사람에게 제조회사는 그렇게 중요하지 않다. 감자 칩을 파는 가게가 있는 곳에서 감자 칩을 사는 것이다. 따라서 이때는 가게에 물건이 있는지 없는지가 중요한 구매 포인트가 된다.

3) 스킬 ― 자기만의 기술을 익힌다

스킬이란 상품이나 서비스가 기술면에서 압도적으로 뛰어나다는 것을 말한다. 이를테면, 금속을 연마하는 기술이 압도적으로 뛰어나면 지방의 작은 마을 공장이라도 전 세계에서 주문이 들어온다.

자사의 기술이 타사에 비해 압도적으로 뛰어나다면 그 부분을 부각해 고객에게 가치를 제공하는 것이다.

또 한 가지 스킬이라는 항목에는 전문가에게 맡겨야만 하는 전문 기술을 대체할 수 있는 것도 포함된다.

대표적인 것이 회계 소프트웨어이다. 본래 회계사나 세무사에게 부탁해야 했던 기업 회계나 급여 계산 같은 일을 회계 소프트웨어만 구입하면 누구나 쉽게 할 수 있다.

구체적으로는 미국 컴퓨터 그래픽 소프트웨어 개발사인 어도비의 살아남기 위한 전략은 스킬의 성공 예로 참고할 수 있다.

포토샵, 일러스트레이터, 인디자인, 드림위버 같은 웹디자인을 위한 다양한 소프트웨어를 제작, 판매하는 어도비 시스템은 독자적인 길을 개척해 업계의 톱을 달리고 있다.

아름다운 폰트를 화면과 출력물에 구현하고 싶어 하는 스티브 잡스의 요청에 어도비가 '포스트스크립트'라는 소프트웨어를 개발했다. 이에 애플이 이 기술을 라이센스 계약함으로써 어도비는 성장할 수 있었다.

그 뒤로도 어도비는 다양한 소프트웨어를 개발했다. 아직까지는 타의 추종을 불허할 정도로 퀄리티가 높기 때문에 인쇄나 크리에이티브 영역에서 일하는 사람이라면 누구나 어도비를 사용할 정도이다.

어도비 상품을 사용하는 것은 크리에이터들에게 대체 수단이 없는 방법이다.

이제는 그 업계에서 일한다면 어도비의 애플리케이션을 사용하는 것은 필수이고, 일에 필요한 소프트웨어의 뉴 버전이 나오면 필연적으로 업그레이드해야 한다. 이런 안정적인 수익을 올릴 수 있는 비즈니스 모델을 설정한 것도 높이 평가할 만하다.

최근에는 매달 정액요금을 지불하면 자유롭게 소프트웨어를 업그레이드할 수 있는, 즉 '서브스크립션subscription'모델도 채용해 능숙하게 유저를 포위하고 있다.

이처럼 대체할 수 없는 스킬을 출발점으로 해서 높은 브랜드 파워와 안정적으로 성장할 수 있는 비즈니스 모델을 구축함으로써 어도비는 성장을 지속해, 2015년 현재도 매상 목표를 웃도는 업적을 올리고 있다.

4)시간 — 속도만으로도 가치가 있다

마지막으로 시간이라는 것은 즉, 사람의 시간을 단축할 수 있는 것이다.

도쿄에서 오사카까지 5시간이 걸리는 시점에서 2시간 반 만에 이동할 수 있는 방법을 개발하면 압도적인 가치를 지니게 된다.

또는 이 서류를 지금 바로 보내야 한다는 고객의 니즈에 따라 생겨난 오토바이 택배는 기술적으로 어떤 특별한 점은 없지만 시간이라는 면에서 결정적인 가치를 제공한다.

속도 자체가 가치인 셈이다.

뒤집어 말하면 사람들이 시간이 많이 걸려 곤란해 하는 곳에 이노베이션의 열쇠가 숨겨진 경우가 많다.

이처럼 돈, 접근, 기술, 시간이라는 시점으로 마켓과 자신의 상품이나 서비스를 재검중 해 보면 CVP(고객가치제안)가 보인다.

이 네 가지가 CVP의 모든 것이라고 생각할 필요는 없다.

EMBA 선배 중 요코하마에서 호텔 지배인을 하는 사람이 있는데, 그가 말하기를 앞으로 호텔에서의 CVP는 문화라고 했다.

EMBA 수강생 중 태국에서 호텔 리조트 사업을 펼치는 반얀트리에서 기획을 담당하고 있는 여성이 있었는데, 그녀 역시 문화에 의한 차별화를 의식했다. 그래서 지역 아티스트의 그림을 호텔 안에 전시하는 등 다양한 궁리를 하고 있다고 말했다.

문화는 대표적인 대체할 수 없는 가치이다. 호텔 지배인인 선배가 말한 내용은 호텔뿐만 아니라 지금 각국의 정부가 경쟁하고 있다. 그 중에서도 싱가포르 정부는 거액의 자금을 투자해 최신식 미술관을 짓고 있다.

일본에서는 세토나이카이의 나오시마가 문화적인 이점이 커서 전 세계의 리조트 업계에서 뜨거운 관심을 보이고 있다.

자사의 비즈니스가 어떤 CVP를 가지고 있는지, 어떤 요소로 라이벌을 이길 수 있는지 한 걸음 떨어져서 재검해 보면 매일 씨름하고 있던 일에서도 새로운 과제를 발견할 수 있다.

마켓의 승자가 되는 기술

「선도할지」, 「후발주자」가 될지
자신의 일을 재검토한다

앞에서 언급한 어도비 같은 케이스를 소개하면, 많은 사람들은 업계에서 타의 추종을 불허하는 기술 혁신을 이루고 그 브랜드를 키우는 것이 중요하다고 생각하게 된다. 틀린 말은 아니다.

다만 업계 내에서의 선두 자리를 장기적으로 유지해야 한다는 조건이 붙는다는 사실도 잊어서는 안 된다.

어떤 업계에서든 선구자가 계속 그 자리를 지키는 일은 그리 쉽지 않다.

EBMA 수업 중에 마켓에서 유리한 것은 선구자일지, 후발주자일지에 대한 논의를 벌인 적이 있다. 다양한 각도에서 검증해 보았더니 결과는 선구자의 참패였다.

교수의 말에 따르면 업계의 선구자가 장기적으로 성공할 확률은 기껏해야 5% 정도이지만, 후발주자가 성공할 확률은 40~50%나 된다고 한다.

그 정도로 선구자는 불리하다.

따라하는 것도
강력한 전략이다

컴퓨터의 OS 경쟁도 후발자가 선구자를 따라잡은 전형적인 예이다. 선구자였던 애플을 제치고 마이크로소프트 윈도우가 단숨에 선두 자리에 올라섰다.

초창기에는 윈도우는 애플을 카피한 것에 불과하다고 말하는 사람도 있었지만, 많은 사람들이 윈도우를 사용하게 되면서 그런 이야기는 쏙 들어갔다.

인터넷 브라우저도 마찬가지이다.

처음에 인기가 있었던 넷스케이프 네비게이터라는 브라우저를 기억하는 사람이 많을 것이다.

하지만 넷스케이프의 시대는 오래 가지 못하고, 결국은 인터넷 익스플로러로 대체되었다. 워드프로세서 소프트웨어도 마찬가지이다. 처음에는 이치타로라는 일본 오피스 프로그램을 사용했던 사람들이 어느새 다 Word로 바꾸었다.

이렇게 생각해 보면 마이크로 소프트는 위대한 후발자이다.

마쓰시타 전기(현, 파나소닉)는 '마네시타 전기'(뒤늦게 시장에 뛰어들어 앞서가는 회사의 제품을 카피하는 모습을 비아냥거리는 말로, 마네시타는 흉내내다라는 뜻이다.-주)

라고 불린 적도 있지만 마쓰시타 전기는 시장에서 압도적인 승리를 거두는 데 성공했다.

다양한 마켓을 검증하면 할수록 뒤따라가는 후발자에게 유리한 것은 당연하다. 그 사실을 숙지한 마이크로 소프트가 성공을 거머쥔 것은 당연한 귀결이다.

시장 점유율을 20% 차지하면 성공할 수 있다

그럼 어떤 마켓에서도 선구자는 살아남을 수 없는 걸까?

결코 그렇지 않다.

어도비의 사례처럼 선구자에게 유리한 필드도 있다. 그 중 하나가 틈새시장이다.

아무리 어도비가 유명 기업이라고 해도 개인 컴퓨터에 포토샵이나 일러스트레이터를 깐 사람은 드물 것이다. 즉, 어도비는 틈새시장의 우승자이고 마켓이 좁기 때문에 자리를 유지할 수밖에 없는 구조이다.

고급 스피커 제조업체 BOSE도 그 존재를 아는 사람은 많지만, 50만 ~100만 원이나 하는 스피커를 사서 음악을 즐기는 사람은 역시 마니아 성향이 강한 소수이다.

이처럼 틈새시장에서는 압도적인 기술이나 브랜드 힘을 무기로 선두 자가 이길 가능성이 충분히 있다.

만약 당신의 비즈니스가 틈새시장을 대상으로 한다면 선구자로서 새로운 기술을 개발해 업계의 TOP을 오랫동안 유지할 수 있을지도 모른다.

지금까지의 케이스를 객관적으로 분석해 보면 큰 시장에서 승부를 다투면 후발조직이 압도적으로 유리하고, 틈새시장이라면 선구자가 이길 가능성이 있다(즉, 통계적으로 틈새시장에서는 점유율이 20%를 넘어서면 이익률이 크게 상승한다고 한다).

이런 원칙을 충분히 이해한 뒤에 자사가 어느 방향으로 가야 하는지 검증하고 결단을 내리는 것이 리더의 역할이다. 그렇기 때문에 비즈니스 엘리트는 과거의 사례를 철저하게 연구, 분석해야 한다.

선구자가 될 수 있도록 연구 개발을 계속할 것인가, 아니면 두 번째 전략을 취할 것인가.

선구자가 된다면 시장의 규모나 종류 면에서 정말 승자가 될 수 있는지.

다양한 각도에서 자신의 비즈니스와 시장을 재검토할 줄 알아야 한다.

마켓의 승자가 되는 기술

한 번에 성장할 수 있는
야심찬 방법을 배운다

EBMA에서는 테크놀로지를 어떤 비즈니스에 연결할지에 대해 배울 때 대체로 매수(M&A)에 관해서도 시간을 쪼개 배운다. 자사가 시장에서 선두를 차지하기 위한 방법 중 기업 매수도 중요한 선택지 중 하나이기 때문이다.

그리고 또 한 가지.

많은 시간과 공을 들여 사내 벤처를 키울 정도라면 뛰어난 기술을 가진 회사를 매수하는 편이 빠르다(그리고 싸게 먹힌다)는 점도 충분히 생각해볼 수 있다.

하지만 전 세계적으로 기업 매수가 잘 이루어지는 경우는 드물다. 기업 매수의 성공률은 5%라는 조사 결과도 있다.

자금을 준비해 순조롭게 매수했다고 해도 매수한 뒤에 드는 비용을 계산에 넣지 않거나, 기업끼리의 문화가 전혀 달라 오히려 문제를 떠안게 되는 케이스도 드물지 않다. 내(야마자키)가 다닌 캘리포니아 공과

대학의 경영진을 대상으로 한 강의에서도 매수할 때 주의해야 할 점을 일러주었다.

❶ 매수 뒤의 비용 계산
❷ 시간의 경과에 따른 견적
❸ 문화가 미치는 영향에 대한 견적

하지만 매수 담당자는 매수한 뒤의 금전적인 이익에만 몰두하는 경향이 있어, 그 뒤에 들어가는 비용에 대한 계산을 놓치는 경우가 종종 있다.

이것은 투자가로부터 단기적인 성과를 요구받는 경영진이 범하기 쉬운 문제이다. 최근 시만텍(보안 솔루션 회사주)이 베리타스를 매수했다가 바로 손을 뗐는데, 이와 같은 실패는 수도 없이 많다.

또한 어느 기업이 보유하고 있는 특허만을 목표로 매수했다가 매수에 성공하면 그 특허만 보유한 채 다른 회사에 팔아버리는 케이스도 있다. 보기에 따라서는 너무하다 싶을 수도 있지만 비즈니스 세계에서는 흔히 볼 수 있는 일이다.

특허만 받고
싼 값에 팔아버린다

2012년, 구글이 미국의 통신기기 회사 모토롤라를 125억 달러에 매수했다는 뉴스가 전 세계를 떠들썩하게 했다.

당시 전문가들 사이에서도 지적되었지만, 이 매수의 목적은 분명 모토롤라의 특허에 있었다. 구글도 이미 많은 특허를 가지고 있지만 모바일 IT 분야가 약해 그것을 보완하는 데 모토롤라가 적격이었다.

매수 당시 모토롤라가 보유한 특허는 약 1만7000건이었다. 그 당시 구글의 특허 보유수는 1,000건에도 미치지 않았기 때문에 모토롤라가 얼마나 많은 특허를 보유했는지 알 수 있다.

안드로이드를 개발하고 스마트폰 비즈니스에 힘을 싣고 싶은 구글에서는 모토롤라의 많은 특허가 어떻게든 필요했다.

하지만 이 매수 극은 여기서 끝나지 않았다.

구글은 모토롤라를 매수한 지 2년도 지나지 않아 중국의 컴퓨터 제조업체인 레노버에 모토롤라를 팔아버렸다. 게다가 구글은 모토롤라를 29.1억 달러에 팔았다. 구글이 모토롤라를 매수했을 때의 금액과 비교해 보면 약 100억 달러나 싼 가격이다.

구글은 주도면밀한 전략을 짜서 일을 진행시켰다.

레노버에 모토롤라를 매각했지만 모토롤라의 주요한 특허는 구글이 보유했다. 즉, 레노버가 모토롤라의 기술을 사용하게 되면 그 사용료를 구글에 지불해야 하는 구조이다.

그리고 레노버는 중국의 스마트폰 제조업체로 유명하다. 따라서 레노버의 제품력과 판매 네트워크에 모토롤라의 특허와 브랜드가 결합하면 스마트폰이나 태블릿PC 시장에서 우위를 선점할 수 있다.

중국 시장에 대한 판매 루트가 없던 구글 입장에서는 모토롤라의 특허와 브랜드를 이용함으로써 안드로이드의 점유율 확대의 거점을 만들어준다는 메리트가 있었다.

이 케이스는 시장에서 점유율을 높이기 위해 특허를 목표로 기업을 매수한 전형적인 예이다.

기업을 통째로 매수한다

———

혹은 세계 제2위의 소프트웨어 회사인 오라클처럼 업계에 파괴적인 이노베이터가 등장하면 그 회사를 매수해 버리는 회사도 있다.

오라클의 주력 상품은 데이터 관리 시스템 소프트웨어이지만 이런 기술은 금방 카피해 인터넷상에 무료 소프트웨어가 나도는 경우도 많다.

시장을 위협할 정도라면 일시적으로 자금을 풀어 기업을 매수해 마켓에서 자사의 가치를 유지하는 쪽이 장기적으로 봤을 때 이익이라는 계산은 기업의 톱이라면 누구나 할 수 있다.

미국에서는 매수를 전문으로 하는 펀드 매니저나 컨설턴트를 고용하는 일은 흔한 일이다. 항상 한손에는 매수라는 카드를 쥐고 있다.

- 자사에서 신규 사업을 벌일 것인가 아니면, 사외 벤처를 매수해 버릴 것인가.
- 시장에 등장한 저가의 파괴적인 이노베이터에 대해 가격 경쟁을 할 것인가, 과감히 매수해버릴 것인가.
- 제품이나 서비스가 타사의 특허에 저촉되는 경우, 그 사용료를 지불해야 할 것인가, 신기술을 개발할 것인가 아니면 매수해서 특허 자체를 막아버릴 것인가.

이 판단을 내릴 때는 역시 전문적인 지식과 경험을 가지고 마켓과 매수할 기업을 꿰뚫어볼 줄 아는 능력이 필요하다. 그런 전문가를 채용하거나 육성해 정확하고 다각적인 정보를 모아 자신의 필터를 통해 합리적인 판단을 내리는 것도 리더로서 중요한 역할이다. 그리고 그 판단을 잘못하면 기업은 물론 자신의 커리어에도 치명적인 오점을 남길 수도 있다.

 따라서 비즈니스 엘리트는 배움을 게을리 하지 않아야 하고, 폭넓은 의견을 수집할 수 있는 커넥션을 가지고 있어야 한다. 그러기 위해서는 다양한 사람들을 자주 만날 수 있는 자리를 가져야 한다.

5 장

세계적인 관점으로
생각한다

글로벌하게 성공할 수 있는 안목을 키운다

글로벌 비즈니스를 방해하는 장애물을 미리 알아둔다

정면으로 충돌하지 않고 성공하는 방법을 배운다

사람을 나눠 쓰고, 세계를 손바닥 안에 가둔다

기업의 사회적 책임은 어디까지 일까?

실천
비즈니스
전략 매뉴얼

글로벌하게 성공할 수 있는 안목을 키운다

글로벌 비즈니스를 방해하는
장애물을 미리 알아둔다

글로벌하게 비즈니스를 전개할 때 어떤 문제에 직면하고, 어떻게 해결하면 좋을까? 야심찬 비즈니스 엘리트들이 의식적으로 배우려 하는 테마 중 하나이다.

프랑스인 파스칼은 모국에서 컨설팅 기업에 근무하고 있지만, 아시아에서 자신의 성장 스피드를 높이고 싶어 EMBA에 왔다고 했다. 그리고 졸업 후에는 순조롭게 중국 상해 지사로 옮겨 활약하고 있다고 들었다.

인도네시아에서 외국계 은행의 투자 매니저로 일하고 있는 케빈은 자국에 몰려드는 미국 기업에 들어갈 방법을 찾기 위해 EMBA에 왔다고 했다.

글로벌 비즈니스는 쉽게 경험을 쌓을 수 있는 것도 아니고, 실패하면 손해가 크다.

그렇기 때문에 많은 전제(선행) 지식이나 이론, 케이스를 배울 수 있는 분야이다.

최근 10년 동안은 아시아 시장이 특히 전 세계의 주목을 끌고 있다. UCLA-NUS의 EMBA는 여러 사업체를 둔 경영자나 GE, 마이크로소프트, 구글, 유니레버 같은 글로벌 기업의 아시아 사업 책임자, 싱가포르나 중국에서 벤처 캐피털리스트(투자자)로 활동하고 있는 인재 등 다양한 경험을 지닌 사람들이 모여 있다. 특히 아시아 진출을 위한 네트워크를 만들기 위해 진학한 사람도 많았다.

국경을 초월해 비즈니스를 펼친다는 것은 그렇게 쉬운 일은 아니다. 더구나 미국 및 외국 기업이 아시아 시장에 진출하면 상상했던 것보다 더 많은 벽을 느낄 것이다.

그렇다면 해외에서 비즈니스를 할 때에는 어떤 종류의 장애물을 만나게 될까?

「다르다는 것」만으로도
비즈니스는 매우 어려워진다
———

EMBA에서 세계화 연구의 권위자인 판카즈 게마와트가 말한 '4가지 거리'에 대한 수업을 들은 적이 있다.

그것은 **지리적 거리, 경제적 거리, 정치적 거리, 문화적 거리** 4가지이다.

지리적 거리에 대해서는 설명이 필요 없다. 물리적으로 거리가 있다면 그만큼 운송비용이 들고 시간낭비도 크다. 당연하지만 큰 것, 무거운 것, 신선한 것을 나르기 힘들고, 비즈니스 기회도 축소된다.

혹은 국경이 접하지 않은 나라와의 교역에서는 운송 루트를 확보하는 것 자체가 힘들다. 그 나라까지 도착할 수 있다고 해도 상대 국내의 교통수단이 확립되어 있지 않다면 쓸데없는 시간이나 비용이 추가되는 예도 많다. 현지에서 상품을 만들어도 그것을 항까지 운반할 수단이 없는(혹은 그 반대) 케이스가 가장 흔하다.

이것도 또한 고려하지 않으면 안 되는 물리적인 거리의 리스크 중 하나이다.

그렇게 해서 정말
돈을 벌 수 있을까?

2번째 **경제적인 거리**란 단적으로 말하면 경제 레벨, 생활 레벨의 차이이다.

이것도 빠뜨릴 수 없는 문제이다.

판카즈 교수도 지적했지만, 기업은 해외 시장의 매력을 과대평가하는 경향이 있다. 광대한 마켓이 손에 쥘 수 없을 정도로 펼쳐지면 거기에 큰 매력을 느낀 나머지 미지의 영역에 발을 들이는 것이 얼마나 힘든 일인지 잊어버린다.

경제 발전기를 지난 나라나 지역에 비하면 앞으로 발전할 가능성이 있는 나라나 지역의 시장은 누구의 눈에나 매력적으로 보일 것이다. 얼마 전까지 아시아가 그랬고, 앞으로 아프리카의 시장이 매력적으로 비칠지도 모른다.

하지만 소비자의 '소득 레벨이 다르면 소비 패턴도 결정적으로 다르다'는 사실을 쉽게 생각하면 안 된다. 단순히 물건을 사고 안사고의 문제가 아니라 니즈의 레벨이 완전히 다르기 때문이다.

단순한 예를 들자면, 선진국의 슈퍼나 약국에 가면 다양한 종류의 세탁 세제가 있고 사람들은 그 중에서 자신이 좋아하는 기능이나 디자인 등을 고른다. 하지만 개발도상국에서는 그렇게 다양한 상품 라인업은 아무 의미도 없다.

혹은 가전이나 자동차 따위에서도 고객이 요구하는 기능이나 퀄리티는 경제 레벨에 따라 전혀 다르다. 개발도상국에서는 오랜 시간과 많은 비용을 들여 개발한 신기능 따위에 전혀 관심도 없을 가능성이 높다.

선진국일지라도 일본에서 요구하는 것과 유럽에서 요구하는 것에는 차이가 있다. 그런데 경제적 거리가 있는 나라라면 그 차이는 더욱 벌어질 수밖에 없다. 그만큼 새로운 상품 개발이나 비즈니스 모델을 구축할 필요가 있다.

그런 유연한 대응을 하면 확실히 돈을 벌 수 있을까? 신중하게 검증하지 않으면 안 되는 중요한 포인트이다.

한편 인건비나 천연자원이 싸다는 압도적인 메리트도 있다.

즉, 기업으로서는 어떤 리스크를 짊어지고 어떤 메리트를 얻을지 정확히 계산하고 검증하지 않으면 안 된다. 따라서 글로벌한 비즈니스를 펼치는 비즈니스 엘리트들은 그러한 실태에 대해 항상 정보를 업데이트 한다.

심리적 측면이나 경제적 측면을 대전제로 깔고, 그들이 의식적으로 배우는 것은 정치적, 문화적인 측면이다. 이러한 이해 없이 다른 나라에서 비즈니스를 하는 것은 불가능하다. 그럼 그들은 어떤 것을 배우는지 다음 항에서 살펴보자.

글로벌하게 성공할 수 있는 안목을 키운다

정면으로 충돌하지 않고
성공하는 방법을 배운다

각국의 정치 스타일이나 문화가 장벽이 되어 글로벌한 비즈니스를 방해하는 경우도 있다. 우수한 비즈니스 엘리트들은 비즈니스를 하려는 상대국의 실태에 대해 다양한 케이스를 수집해 참고한다.

이를 테면, 한때 중국에서는 컴퓨터 소프트웨어를 불법 카피하는 것을 너무 당연한 일로 여겨, 유저가 사용하는 윈도우의 90% 이상이 불법 카피였다는 조사 결과도 있었다.

고민 끝에 마이크로소프트의 빌 게이츠는 직접 중국에 찾아가 정부에 대응책을 요청했다.

하지만 이에 대해 중국 정보는 LINUX의 소프트웨어를 베이스로 윈도우와 똑같은 소프트웨어를 만들어낸 레드 플래그라는 중국 기업을 지원하는 행동을 취했다. 마이크로소프트의 요청을 받아들이기는커녕 오히려 안 좋은 결과를 만들어낸 셈이다. 마이크로소프트 입장에서 보면 문화적인 문제와 정치적인 문제가 중복으로 덮친 꼴이다.

문화적 차이로 싸워봤자
승산은 없다

———

마이크로소프트가 중국 정부를 찾았을 당시, 정부 관계자들도 불법 카피한 윈도우를 사용했다고 하니 소귀에 경 읽기가 이런 상황을 두고 하는 말인 듯하다.

하지만 그렇다고 해서 정면에서 불평을 쏟아 내 봤자 아무 소용없다. 옳고 그름을 따지기 이전에 베이스가 되는 인식, 문화가 다르기 때문이다. 문제는 거기에 그치지 않고 그 뒤, 중국 정부는 윈도우 2000을 부적절한 소프트웨어라는 선언까지 했다.

마이크로소프트는 오랜 시간에 걸쳐 끈기 있게 중국 정부와 교섭하고 최종적으로는 상황을 개선하는 쪽으로 합의를 봤다. 여기까지 오기 위해 마이크로소프트는 중국에 소스 코드source code 컴퓨터 프로그램을 프로그래밍(읽을 수 있는) 언어로 변환 함 - 주를 공개하고 중국 대학에 기부하는 등 다양한 활동을 펼쳤다.

현재, 중국에서 발매되는 컴퓨터 중 시판되기 전에 정규 OS를 사전 설치하는 비율이 비약적으로 향상되었다고 한다. 하지만 아직도 값싼 OS가 설치된 컴퓨터를 구입해 불법 카피한 윈도우를 다시 설치하는 경우도 있다고 한다. 역시 중국의 카피 문화는 뿌리가 깊어 쉽게 사라지기 힘들 것으로 보인다.

하지만 국민의 의식, 문화, 풍습의 문제로 싸워봤자 승산은 없다. 결국은 상대의 문화나 사정을 이해하고 그 필드에서 가장 적합한 조치를 취하는 수밖에 없다.

게다가 나라 안에서도 지역별로 문화나 풍습은 다르고, 기업의 성숙도도 다양하다. 여기에 대응하려면 현지 법인 관리자를 어떻게 할지, 그것을 뒷받침하는 본부를 어떤 구조로 할지 같은 고민을 하게 된다. 이것이 글로벌 비즈니스(특히 아시아에서 비즈니스를 펼칠 때)의 어려움이다.

예상치 못했던 일도 발생할 수 있다

EMBA에서 실제로 배운 케이스를 소개하려고 한다.

2007년, 미국의 대기업 완구회사 마텔이 자사 제품을 리콜하는 사태가 벌어졌다. 영화 '카'의 캐릭터 상품, 바비 인형, 배트맨 같은 장난감이 그 대상이 되었는데 리콜의 이유는 장난감에 사용한 도료(외관을 아름답게 칠함-주)에 유해 납이 포함되어 있어 어린이의 건강을 해칠 수 있기 때문이었다.

충분히 리콜할 만한 사유이다.

하지만 마텔은 처음부터 공장이나 하청 업체에도 정해진 재료를 사용하도록 통지하고 엄격하게 외부 감사까지 실시해 왔었다. 따라서 유해물질이 들어간 도료를 사용했을 리 없다.

그렇지만 인형을 제조한 중국 하청 기업에서 유해한 납이 들어간 도료를 사용했던 것이다.

이것은 보도되지 않은 사실이지만 중국 회사의 종업원이 정해진 도료(유해 물질이 포함되지 않은)를 훔쳐내 외부에 팔았다고 한다. 그럼 당연히 사용할 도료가 부족하기 때문에 저렴한 도료를 사서 섞어 쓴 것이다.

이런 사태를 기업으로서는 어떻게 막아야 할까? 간부들은 머리를 싸매고 고민했지만 이와 같은 어떤 사태든지 불시에 일어날 수 있다는 사실을 받아들여야만 한다는 결론에 달했다. 그렇지 않으면 다른 문화권에서의 비즈니스를 할 수 없는 것이다.

마텔의 케이스는 많은 글로벌 기업에 경종을 울렸다는 의미에서도 주목할 만한 뉴스였다.

여담이지만 이 사건에는 후일담이 있다. 이 사건으로 마텔의 중역이 중국으로 날아가 정부를 상대로 클레임을 걸었지만, 중국 측은 오히려 잘못한 건 미국이지 우리가 아니라며 전혀 상대해주지 않았다고 한다.

마텔의 중역이 중국 공항에 도착했을 때 현지의 신문기자들이 모여 들었는데, 그들은 마텔의 중역이 중국에 사과하러 왔다는 황당무계한 스토리를 기사로 냈다고 한다. 입이 다물어지지 않지만 실제로 벌어진 일이다.

여기저기에서
뇌물을 요구한다
———

문화나 비즈니스 습관의 차이라는 의미에서는 뇌물 문제도 항상 따라다닌다.

EMBA의 수강생 중 상해에서 비즈니스를 하고 있는 중국인 S는 중국에서 비즈니스를 하려면 현지의 유지라고 할 만한 거물을 찾아가 뇌물을 건네는 것이 현명하다고 했다.

여기에서 포인트는 거물에게 뇌물을 건네는 것이다. 잔챙이들한테 뇌물을 건네 봤자 아무 소용없다. 이런 저런 사람들이 달려들어 뇌물을 요구하는 바람에 수습이 되지 않는다.

S의 말에 따르면 가게를 열 때는 경찰이 찾아와 인가가 필요하다며 근거를 알 수 없는 돈을 요구한다고 한다. 그런가 하면 1년 정도 지나면 법률이 바뀌었다며 또 돈을 걷으러 온다.

그 외에도 현지인도 잘 모르는 권리를 주장하거나 ○○성에서 나왔다며 공무원인 척하며 돈을 요구하는 사람도 있다. 이런 일을 사전에 막으려면 현지 공무원에게 돈을 주고 한 번에 해결하는 수밖에 없다.

그렇다면 '정말 신뢰할 수 있는 거물이란 누구일까?' '그 인맥은 어떻게 맺을까?' 같은 문제가 생긴다.

결국은 '신뢰할 수 있는 현지 에이전트를 찾는 것'이 비즈니스를 성공시키는 중요한 열쇠이다. 물론 현지의 상식을 고려한다 해도 자사의 법률에 준한 형식으로 대응해야 한다.

뇌물과 팁은
다를까?

EMBA 수업 중 뇌물에 대한 토론이 활발하게 벌어졌다. 무엇보다 수 강생 중에는 실제로 뇌물 때문에 고생한 사람도 꽤나 많았다.

뇌물과 팁의 차이는 무엇인지에 대한 공방도 벌어졌다.

뇌물이든 팁이든 말하자면 나라와 지역에 뿌리를 둔 상거래 습관이 자 문화의 일부이다. 생각해 보면 비슷한 부분도 많다.

한 인도인은 "뇌물도 팁도 사회의 윤활유이다. 인도에서는 뇌물이 횡행하지만 공무원이든 경찰이든 월급이 얼마 되지 않는다. 그런 사람 들에게 뭔가 부탁할 때 돈을 지불하는 것은 팁과 다를 바가 없다"라고 말했다.

인도네시아, 중국, 러시아처럼 뇌물을 당연시하는 나라의 사업가들 은 비슷한 사고방식을 지니고 있다. 미국이나 유럽에서는 호텔이나 레 스토랑에서 좋은 서비스를 받으면 팁을 지불한다. 먼저 지불하느냐 나 중에 지불하느냐의 차이일 뿐 뇌물과 다르지 않다는 것이다.

호텔이나 레스토랑의 단골손님이 되면 웨이터들도 저 사람은 팁을 많이 주니까 좋은 서비스를 제공해야겠다는 생각을 하게 된다. 손님 역시 팁을 많이 주면 그만큼 좋은 서비스를 받을 수 있을 거라는 기대를 하게 된다.

비즈니스적 성숙도가 낮은 아시아에서 성공하려면?

———

이 수업 중 교수는 문화적, 비즈니스적인 성숙도의 문제도 관계가 있다고 지적했다.

비즈니스란 가족, 친족 간의 물물교환에서부터 시작해 그 테두리가 점점 넓어진 것이다.

토마토를 많이 수확해 친척에게 배달한다. 그래도 남아서 이웃과 물물교환을 하거나, 내가 토마토를 많이 수확했다는 소식을 듣고 멀리서 토마토를 얻으러 누군가가 오기도 한다.

이렇게 친숙한 사람들 사이에 낯선 사람이 들어오려면 누군가의 소개가 불가피하다. ○○씨의 소개로 왔다는 보증이 없으면 신뢰하고 비즈니스를 할 수 없기 때문이다.

그리고 당연히 그 신뢰, 소개도 공짜는 아니다. 소개해준 사람에게 얼마간의 예를 취하는 것이 당연한데, 이는 뇌물과 다를 바가 없다.

즉, 상거래 습관, 문화로서의 성숙도가 낮은 사회일수록 이러한 발상이나 시스템이 남아 있기 때문에 절차(즉, 뇌물)가 필요하다.

그 뒤, 문화적, 사회적으로 성숙해지면 이러한 분위기가 사라지고 좀 더 체계적인 계약 사회로 나아간다.

여하튼 외국 사람들은 아시아가 부패했다고 하지만 그것은 어떤 의미에서는 문화적 환경, 비즈니스적 환경의 차이라고 할 수 있다. 비즈니스가 확대되고 교류가 빨라지면 빨라질수록 뇌물이 효력을 발휘하는 비즈니스는 기회를 잃는다. 아시아의 비즈니스는 다음 단계로 이동하는 중이다.

다른 관점에서 생각해 보면 비즈니스의 무대가 다르기 때문에 아시아에는 아직 개척하지 못한 시장이 남아 있다. 이는 선진국 기업들에게 매력적인 비즈니스 기회가 아직 많이 남아 있다고 해석할 수도 있다.

하지만 글로벌하게 사업을 전개하는 기업일수록 사내 규정상 도덕성과 진실성을 철저하게 요구한다. 또한 당연하지만 뇌물에 대해서는 미국의 FCPA(해외 부패행위 방지법)을 비롯해 금지규정이 엄한 나라도 많다. 상거래 습관은 물론 현지의 법률도 점검하고 자사의 룰도 지키면서 어떻게 비즈니스를 진행해야 할까? 세계를 무대로 하는 비즈니스 엘리트들은 높은 성과를 내기 위해 이렇게 모순되는 상황에서도 어려운 결단을 내려야만 한다.

글로벌하게 성공할 수 있는 안목을 키운다

사람을 나눠 쓰고,
세계를 손바닥 안에 가둔다

기업이 해외에 진출할 때 전략은 크게 나눠 두 가지가 있다.

본국에 있는 **'본사가 철저하게 관리하는 패턴'**과 **'현지에 자유를 주는 패턴'**이다.

이것은 어느 쪽이 성공하고 어느 쪽이 실패한다고 단적으로 말할 수는 없다.

언뜻 보면 현지에 맡기는 쪽이 잘 될 거라고 생각하지만, 애플처럼 본사에서 현지의 광고 따위까지 컨트롤하는 프로세스를 가지고 있는 기업이 브랜드 가치를 높이면서 성공으로 이끈 패턴도 있다.

한편 유니레버처럼 영국과 네덜란드에 본거지를 두면서 현지법인을 매수하고 현지에 맡기면서 세계 180여 개 국에 진출해 큰 성공을 거둔 패턴도 있다.

애플과 유니레버는 각각의 패턴을 대표하는 성공적인 예이지만 전략을 선택할 때는 '어떤 상품이나 서비스를 제공할 것인지, 강점이 무엇인지, 어떤 가치가 있는지'에 따라 크게 좌우될 것이다.

애플처럼 브랜드 가치가 높은 상품, 세계에서 유일무이한 서비스 상품을 판매다면 자국 관리형을 채택해서 고급스러움, 고품질, 최첨단 같은 이미지 전략으로 나가는 것이 중요하다. 유니레버처럼 일반 소비재를 파는 경우에는 현지 사람들이 어떻게 받아들일지가 가장 큰 고민거리이다. 그에 따라 상품이나 서비스의 가격대에 이르기까지 유연하게 결정해야 한다.

어느 쪽이든 자사의 상품이나 서비스가 어떠한 전략과 친화성이 있는지를 검증하고 거기에 맞는 스타일로 해외진출을 진행하면 된다.

글로벌 비즈니스를 하려면
3가지 타입의 리더가 필요하다

———

EMBA에서는 글로벌하게 비즈니스를 전개하려면 어떤 매니저가 적합한지에 대해 반드시 시간을 들여 검토한다. 이것은 EMBA뿐만 아니라 경영진, 예비 경영진은 물론 글로벌을 전제로 한 비즈니스를 생각하는 사업가라면 반드시 익혀야 할 과제이다.

본국 관리형이든 현지에 일임하는 스타일이든 본사와 현지의 제휴를 잘해야 해외 진출을 성공시킬 수 있다. 아무리 현지에 일임한다고 해도 본사의 이해나 서포트 없이 비즈니스를 전개하는 것은 불가능하다.

그렇다면 본국과 현지의 제휴를 효과적으로 실현하려면 어떤 매니저가 필요할까?

글로벌 비즈니스에 반드시 필요한 매니저는 크게 세 타입으로 나눌 수 있다. **글로벌 비즈니스 매니저, 리저널 & 컨트리 매니저(regional & country manager), 기능 매니저(functional manager)**다.

❶ 글로벌 비즈니스-전 세계를 꿰뚫어 보며 본국에서 관리하는 리더

우선 본국에서 중요한 역할을 하는 것은 **글로벌 비즈니스 매니저**이다. 글로벌 비즈니스 매니저에게 주어진 최대의 미션은 세계에서 자사의 효율과 경쟁력을 최대화하는 것이다. 사업을 글로벌하게 전개할 때의 전략을 짜고 최적의 분배, 코디네이트하는 역할이라고 하면 이해하기 쉽다.

당연하지만 해외에서 비즈니스 전개를 할 때는 필요한 게 많다. 자본은 물론, 기술적인 노하우, 구조, 인재, 각종 조정 관리 등 현지의 일을 서포트하려면 그 기업이 지닌 리소스를 유효하게 혹은 효율적으로 사용해야 한다.

그 배분과 효율화를 본사에서 한꺼번에 담당하는 것이 글로벌 비즈니스 매니저이다 .

따라서 글로벌 비즈니스 매니저는 한 가지 사업 부문을 뛰어넘은 입장에서 일을 할 수 있는 권한을 가지고 있어야 한다. 또한 전 세계의 흐름을 꿰뚫어볼 수 있는 시야를 지니고 최적의 배분을 전략적으로 할 수 있는 능력이 있어야 한다.

말하자면 글로벌 전략에서의 '컨트롤 실장'이다. 그래서 글로벌 비즈니스 매니저에게는 각지에 있는 사원들에게 영향을 미칠 수 있는 '움직이는 리더십'이 필요하다. 바로 글로벌 리더로서의 역할이 요구되는 중요한 포지션이다.

많은 다국적 기업에서는 글로벌 비즈니스 매니저(혹은 거기에 속하는 포지션)를 두고 있다. 하지만 실제로는 사업을 그다지 해보지 않은 본사 직원을 이 자리에 앉히거나, 다른 사업 부문의 책임자에게 글로벌 비즈니스 매니저를 겸직시키는 잘못된 케이스가 많다.

사업 경험이 별로 없는 본사 직원이 글로벌 비즈니스 매니저가 되면, 전략이 현실을 동반하지 않은 숫자 게임이 되거나, 세계적인 시장의 흐름을 객관적으로 판단하기 힘들게 된다. 이런 식으로는 기업이 제대로 돌아가지 않는다.

현지 기업을 서포트하고 세계무대에서 효율화와 경쟁력을 높이려면 다양한 부문과의 제휴가 불가피할 뿐만 아니라 동시에 글로벌 비즈니스 매니저에게 권한을 부여하여 신속한 대응체계를 갖출 수 있도록 해야 한다.

본국과 현지의 거리를 생각하면 신속한 대응을 요구하는 것은 자명한 일이고 현지에서 필요하다고 판단되면 다른 팀의 리소스를 즉시 투입할 필요도 있다.

그런 뛰어난 판단력과 권한을 갖춘 리더야말로 거물급 글로벌 비즈니스 매니저라고 할 수 있다. 이 포지션에서 성공하려면 세계 어디에서도 통용되는 비즈니스 센스와 리더십을 갖춰야 한다.

나(야마자키)는 미국에서 이 포지션에 있었던 적이 있는데, 많은 관계자의 이해를 성실하게 조정하는 역할은 잘해냈지만, 각국의 판매 담당자와 관계를 맺는 데에는 좀 더 담력이 필요함을 느꼈다. 또한 이때만큼 커뮤니케이션의 중요성을 통감한 적도 없었다. 각국의 공통점은 과음한 만큼 신뢰감을 쌓을 수 있었다는 것이다. 각 나라를 방문할 때마다 현지 담당자들과 술잔을 주고받았다.

현지에서는 본국(미국)과 전화나 메일, 채팅 따위로 왕성하게 커뮤니케이션을 주고받을 필요가 있다. 따라서 제대로 일을 할 수 있는 시간대는 주로 한밤중인 경우가 대부분이다.

하지만 그렇게 해도 거리나 문화의 격차는 크고 신뢰할 수 있는 현지 매니저나 기능 매니저의 여부에 따라 성패가 갈린다. 글로벌 매니저는 그들이 전하는 정보를 통째로 받아들일 수밖에 없기 때문이다.

❷ 리저널 & 컨트리 매니저-글로벌 전략의 정보원이 되는 현지의 리더

리저널 & 컨트리 매니저는 현지의 리더라고 할 수 있다. 회사에 따라서는 '제너럴 매니저General Manager'나 '메니징 디렉터Managing Director'라고 부르는 경우도 있다. 이 포지션은 현지의 비즈니스를 통괄하기 위한 경영 판단력, 각종 매니지먼트 능력을 요구한다.

그것을 대전제로 하고, 여기에서는 본국과의 제휴라는 측면에서 컨트리 매니저가 어떤 역할을 하는지 살펴보려 한다.

컨트리 매니저가 담당하는 역할은 크게 나눠 3가지이다.

첫 번째, 현지에서 비즈니스 찬스와 리스크를 캐치해서 본국에 전한다.

해외 진출은 기회인 것과 동시에 상상을 초월하는 위험도 항상 따라 붙는다. 따라서 컨트리 매니저는 그 기회와 위험을 감지하는 현지의 센서가 되어야 한다.

그리고 **두 번째는 현지의 리소스를 유효하게 활용하는 역할이다.** 그것은 물적 자원은 물론 인적 자원도 포함한다.

당연한 이야기이지만 해외에서 비즈니스를 하기 때문에 사용할 수 있는 리소스도 본국의 그것과 전혀 다르다. 본국에서는 손에 넣을 수 없는 자원이나 인재를 쉽게 혹은 저렴한 임금에 얻을 수 있는 경우도 있고 그 반대의 경우도 있다. 따라서 컨트리 매니저는 그런 현지의 리소스를 이용해 유효한 비즈니스 모델이나 구조, 조직 등을 구축할 만한 능력이 있어야 한다.

마지막 세 번째 역할은 현지에서의 경험과 식견을 본사에 피드백하고 글로벌 전략에 참여하는 것이다.

이 세 번째 역할을 컨트리 매니저가 얼마나 잘해내는지가 글로벌한 비즈니스를 성공시킬 수 있는 열쇠이다.

GE, IBM, P&G, 유니레버 같은 많은 성공한 다국적 기업에서는 컨트리 매니저가 본사의 글로벌 전략 구축에 중요한 역할을 맡는 경우가 많다. 현지 매니저라고 부르기는 하지만 그들은 단순히 본사의 결정을 실시하는 현지의 실무 담당자라는 틀을 뛰어넘어 글로벌 전략의 중추를 담당하는 존재이기도 하다.

현재 많은 다국적 기업들은 많은 중요한 개발이나 연구, 생산, 마케팅 따위를 해외 사무소에서 한다. 해외 사무소는 더 이상 본사의 결정을 실행하는 원격부대가 아닌 독립된 존재로서 퀄리티가 높은 일을 진행하고 있다. 그것은 물론 현지의 소비자에게 맞는 제품이나 서비스를 생산하기 위함과 동시에 현지 직원들을 효과적으로 활용한다는 목적도 있다.

하지만 그들의 기술이나 노하우, 경험이 그 지역에서만 유효한 것이 아니라 다른 지역에서도 유용한 경우도 많다.

즉, 그들의 재산을 본사로 가지고 돌아가 글로벌 전략에 활용하는 것도 컨트리 매니저가 해야 하는 임무이다.

또한 각국을 마켓으로 하는 것이 아니라 세계가 하나의 마켓이 될 수 있는 상품이라면 각국의 컨트리 매니저가 경쟁 상대가 될 수도 있지만, 그런 환경에서도 각국의 담당자와 협력 관계를 잘 구축하는 것이 신뢰받는 컨트리 매니저의 조건이다.

이 리저널 & 컨트리 매니저는 그 지역에 대해 알지 못하면 성공할 수 없다. 본사의 글로벌 비즈니스 매니저가 시키는 대로 하는 것이 아니라 컨트리 매니저 자신이 스스로 전략을 생각해 제안해서 실행시키느냐 마느냐가 사업의 성패를 가른다. 그렇지 않으면 컨트리 매니저는 본사와 현지 사이에 끼어서 이러지도 저러지도 못하는 중간 관리직처럼 되어 버린다.

EMBA 수강생 중에 일본에서 태어나 자랐으나, 미국에서 대학을 졸업하고 미국계 기업에서 일본의 컨트리 매니저를 하고 있는 인도 사람이 있었다. 겉으로 보기에는 인도 사람이지만 이야기를 나눠보면 완전 일본인의 사고방식을 지닌 사람이었다. 그는 일본의 장점을 항상 객관

적으로 보고 본국에 전달했다. 그 덕에 일본에서의 사업은 V자 회복을
실현했다. EMBA를 졸업한 뒤에는 인도에서 새로 시작하는 사업의 컨
트리 매니저로 임명되었다.

인도에서는 외모의 특징을 이용해 멤버나 고객들에게 바로 동화되
었다고 한다(생활 스타일이나 사고방식은 일본인이기 때문에 현지 생
활에 적응하는 데 다른 일본인들처럼 힘들었다고 한다). 그리고 일본에
서의 경험을 살려 단기간에 사업을 성공시켰다.

❸ 기능 매니저-전문 지식을 발전시키는 전문가 리더

컨트리 매니저의 설명을 들어보면 현대에는 개발이나 연구, 생산,
마케팅 측면에서 해외의 사업소가 고도로 발전하고 있다는 이야기를
했다.

그것을 총괄적으로 본사에 피드백하는 것이 컨트리 매니저의 일이
라면, 각각의 전문 영역에서 횡적 연계를 꾀하고, 기술이나 정보의 공
유 및 이노베이션을 리드하는 것이 **기능 매니저**의 역할이다.

굳이 표현한다면 전문 영역의 지식 교배자라고 할 수 있다.

실은 아직 많은 기업에서 이 기능 매니저의 존재는 그다지 평가받지
못하고 있다. 그보다 이 포지션 자체가 존재하지 않는 기업도 많다.

기업의 입장에서 전문가란 전략, 경영 회의에서는 제외시킬 만큼 한정된 가치밖에 얻을 수 없다고 경시하는 경우도 적지 않다.

　하지만 다국적 기업에서 해외에 흩어져 있는 전문적 지식, 정보, 경험, 개발된 노하우나 기술을 서로 섞어 집약하고 교환시키면 이노베이션을 일으킬 가능성이 매우 크다는 점을 간과하지 말아야 한다.

　사실, P&G에서도 기능 매니저가 중심이 된 프로젝트 팀에서 완전히 새로운 액체세제를 개발해 수많은 지역으로 상품을 히트시켰다.

　상품 개발뿐만 아니라 제조공정, 비즈니스 모델, 인사, 재무에 이르기까지 그 전문 영역에서 좌우의 연결을 매니지먼트하는 것은 기업이 가진 리소스를 최대한으로 활용하기 위해서도 반드시 필요하다.

　이처럼 글로벌 비즈니스를 위해 필요한 매니저가 있는 것이며, 성공한 다국적 기업의 대부분은 그 가치를 제대로 이해하고 있다. 비즈니스 엘리트는 자기 자신이 어떤 타입의 리더이고 어떤 역할을 담당해야 하는지 배우는 것이 중요하다.

　또한 기업 내에서 한 단계 위의 포지션에서 글로벌 비즈니스를 총괄하는 경영진이라면 적재적소에 적절한 인재를 배치하기 위해 각 매니저의 역할과 존재 가치를 제대로 이해하고 있어야 한다.

글로벌하게 성공할 수 있는 안목을 키운다

기업의 사회적 책임은
어디까지 일까?

마지막으로 일반 사원들은 상관없지만 경영층, 특히 글로벌 기업의 경영진은 기업의 사회적 책임에 대해서 반드시 배워야 한다.

기업의 규모가 커지면 커질수록 사회적 책임을 묻는 것은 당연하다. 기업에 대한 관심이 높아지고 사회적인 이미지만으로 업적이 크게 좌우되는 경우도 많다.

좋은 이미지를 쌓으려면 좋은 상품을 양심적인 가격으로 제공하고 사회공헌을 통해 PR도 하는 등 꾸준히 노력하는 수밖에 없다.

하지만 그렇게 노력해서 만든 이미지도 붕괴되는 것은 한순간이다. 특히 지금처럼 인터넷이 보급된 세상에서는 지구 반대편에서 일어난 작은 일이 전 세계에 퍼지는 데 그렇게 많은 시간이 걸리지 않는다. 악평이라면 더욱 그렇다.

세계에 진출하면 부딪치는
복잡한 현실의 벽

EMBA에서는 기업이 사회적 책임을 묻는 다양한 케이스에 대해 토론한다.

당연히 기업은 사회적 신뢰를 잃지 않도록 신경을 써야 하지만, 글로벌 기업의 경우에는 문제가 더욱 복잡하다. 문화, 경제 레벨이 크게 다른 나라나 지역으로 진출하면 생각지 않은 문제가 부상하기 때문이다.

예를 들면, 아동 노동의 문제가 있다.

선진국의 상식으로는 어린 아이에게 노동을 시키는 것은 절대 생각할 수 없는 일이다. 10살 정도밖에 안 된 아이에게 일을 시키는 것 자체가 법률상 금지되어 있는 것이 일반적이고 그런 기업이 국내에 있다면 바로 문제가 될 것이다.

하지만 개발도상국으로 가면 사정이 완전히 달라진다.

법이 제정되어 있지 않기도 하지만 그 이전에 아이가 가계를 꾸려가는 중요한 일꾼인 경우도 많다. 아이도 일터에 나가 뭐라도 해야 하는 가정이 셀 수 없이 많다.

그런 나라에 다국적 기업이 진출하면 많은 가정이 아이를 돈벌이에 내보내고 싶어 한다.

저임금의 노동자를 찾는 기업과 그런 가정과의 이해가 일치하는 것처럼 보이지만, 현지의 사정에 따라 아동에게 노동을 시키면(그것이 발각되었을 때는) 전 세계로부터 비난을 받을 뿐만 아니라 심한 경우에는 불매운동까지 벌어지는 수가 있다.

지금 글로벌 기업은 그런 더블 스탠다드 속에서 비즈니스를 하면서, 사회적인 책임까지 떠안아야 한다.

수많은 위험을 미리 대비하지 않으면
바로 함정에 빠진다

15년 전, 대기업 가구판매 브랜드 이케아의 하청업체인 인도의 융단 공장과 그 원료가 된 목화농장에서 아동 노동이 일어났다는 뉴스가 전 세계에 전파되었다.

열악한 환경에서 저임금으로 아이에게 일을 시킨다는 것은 기업에 큰 데미지를 주었고, 경영상으로 큰 리스크가 되었다.

그때 이케아는 아동 노동을 시키는 거래처와는 일절 거래하지 않겠다고 그 자리에서 발표했다. 게다가 유니세프 인도 사무소와 파트너십을 맺고 아동 노동 방지를 위한 활동을 개시했다.

이케아는 하청업체와도 밀접한 커뮤니케이션을 하면서 노동 조건이나 노동 상황에 대한 감시를 강화해 아동 노동이 재발하는 것을 방지하기 위해 노력했다. 게다가 그 대책을 전 세계의 고객에게 전하고 아동 노동 문제에 대한 관심을 높이는 활동을 펼쳤다.

현지에서는 생활을 서포트해 주는 것은 물론 학교 건설 따위에도 적극적으로 나서 인도의 목화재배지역에서는 새롭게 1만 5,000여 명의 아이들이 학교에 다니게 되었다고 한다.

분명 이케아의 자세는 높이 평가할 만하다.

하지만 기업과 지역과의 관계가 그렇게 간단히 정리되지 않는 것이 통례이다.

한 대기업 스포츠 제조업체도 역시 아동 노동, 노동환경의 열악성, 저임금 같은 문제를 지적받은 적이 있는데, 결국은 그 나라에서 사업을 접어버렸다.

저렴한 노동력을 내다보고 해외에 진출을 한 기업이라면 흔히 있을 수 있는 일이고, 사업을 접는 것도 무리는 아니다.

하지만 대기업이 사업을 접으면 그때까지 많은 현지인을 고용한 공장이 폐쇄되면서 대규모 실업문제로 연결된다. 이 문제에 대해 기업은 어디까지 책임을 지고 어디까지 사회공헌을 해야 할까?

전 세계의 컴퓨터 앞에 앉아 있는 네티즌들은 '아동 노동을 그만둬라', '열악한 환경에서 일을 시키지 말라'고 끊임없이 주장하지만, 그 결과 기업이 철수하면서 결과적으로 현지인을 더 힘들게 하는 경우도 많다.

글로벌하게 비즈니스를 전개하는 기업의 입장에서 저렴한 노동력은 분명히 매력적이지만 거기에서 일어나는 사회적 문제는 경영에 큰 리스크를 안겨주는 것도 사실이다.

카카오콩 재배 농장에서 아동 노동이 벌어지고 있다고 하면 초콜릿 제조업체에 금세 비난을 퍼붓고, 커피 농장에서 과잉된 저임금 노동이 벌어지고 있다고 하면 순식간에 커피 체인점들은 타격을 입을 수밖에 없다. 아무리 억울해도 현지의 하청 업체까지 관리할 수 없다는 말은 할 수 없다. 뇌물이 당연한 문화권도 있지만, 국내의 눈도 있기 때문에 뭐든 현지 사정에 맞추는 것은 불가능하다.

따라서 글로벌한 전략을 세우지 않으면 장기적인 성공을 이룰 수 없다.

저렴한 노동력이나 미개척 된 시장을 찾아 해외로 진출하는 것은 틀림없이 큰 비즈니스 찬스이다. 하지만 그럴 때야말로 기업의 자세가 요구된다. 쉽게 돈을 벌자는 생각만으로는 덤벼들었다가는 터무니없는 대가를 지불해야 한다.

또한 일본의 소비자도 젊은 세대일수록 기업의 사회적 책임에 민감하다.

이제는 이 문제에 대한 대응 방법이 기업의 브랜드에 좋은 의미이든 나쁜 의미이든 차별화의 포인트가 되고 있다. 기업은 사업 계획에 사회적 책임을 지기 위한 비용도 예산을 짜는 등 한층 더 의식이 향상되어야 한다.

글로벌 비즈니스에서 기업의 사회적 책임이란 무엇일까? 그것은 어디까지 지킬 수 있고, 어디까지 대응해야 할까?

앞으로의 사업가들은 이 문제를 어떻게 풀어 나갈 것인가에 대해 깊이 숙고하고 정책방안을 강구해 나가야 할 것이다.

맺는 말

마지막으로 이 책이 탄생한 계기와 우리가 이 책에 담고자 했던 생각을 후기에 적으려고 한다.

2014년 12월, 우리는 UCLA-NUS EMBA의 동창생으로 한 자리에 모였다. 일 년에 몇 차례 졸업생이나 재학생들이 정기적으로 모여 잡다한 이야기를 나누면서 재미있는 비즈니스 아이디어를 나눈다.

그 날은 에비스에서 맥주를 마시면서 문득 MBA와 EMBA의 차이는 뭘까? 우리는 뭘 배우고 왔을까? 같은 내용이 화제가 되었다. EMBA 진학 동기는 다양하지만 최종적으로는 같은 것을 배우고 왔다는 사실을 깨달았다.

그리고 우리가 배운 것을 한 사람이라도 더 많은 사람에게 알려주면 지금의 불확실한 혹은 글로벌 시대를 살아남을 사람들에게 도움이 되지 않을까? 하는 토론이 벌어졌다.

그리고 UCLA-NUS뿐만 아니라 시카고나 켈로그 등 많은 EMBA 졸업생에게 시간을 쪼개 귀중한 체험을 들을 수 있었다.

다들 해외 출장도 많은 바쁜 사람들이지만 흔쾌히 인터뷰에 응해주었다. 출장 전에 공항에서 전화에 응해준 사람도 있고, 출근 전 아침 7시 반부터 커피숍에 와서 이야기해주기도 하고, 회사의 응접실에서 밤늦게까지 감자 칩을 한 손에 들고 토론해준 분들도 있었다.

다들 입을 모아 자신의 경험이 조금이라도 도움이 되면 좋겠다고 말했다. 학교 수업도 매년 내용이 새로워지기 때문에 졸업생뿐만 아니라 재학생에게 수업 직후의 리얼한 감상 따위를 듣기도 했다. 덕분에 폭넓고 현실감 넘치는 내용을 담을 수 있었다.

　따라서 이 책은 우리 두 사람이 배운 것뿐만 아니라 EMBA 졸업생, 재학생들의 지혜의 결정체이다. 독자 여러분에게 우리가 배운 체험이나 자극이 조금이라도 전달되었기를 바란다.

　이 책을 쓰는 데 많은 EMBA 졸업생, 재학생들이 이야기를 들려주었다. 특히 UCLA-NUS EMBA 졸업생인 스즈키 가즈히데 씨, 히라이 시게루 씨, 스기야마 다카시 씨, 켈로그- HKUST EMBA 졸업생인 오노 다쿠타로 씨, 노다 세이고 씨, 시카고 EMBA 졸업생인 고다 조지 씨, 요시다 요시유키 씨께는 이 자리를 빌려 깊이 감사 인사를 드리고 싶다. 특히 어드바이스를 해준 다케우치 마사카즈께도 감사 인사를 드린다.

　마지막으로 이 책을 출판하는 데 독자의 시선과 편집자의 시선으로 어드바이스해준 다이아몬드사의 미우라 씨, 문장을 정리하는 데 도움을 준 이다 씨께도 진심으로 감사드린다.

야마사키 유지 · 오카다 미키코

참고문헌

- 〈영향력의 무기 제3편〉 (로버트 B 찰디니 사회행동연구회 역, 세신쇼보)
- 〈글로벌 매니저의 조건〉 (크리스토퍼 A 바틀렛, 수만트라 고샬 〈다이아몬드 하버드 비즈니스〉 1993년 1월호)
- 〈EQ 리더십〉 (다니엘 골먼 〈다이아몬드 하버드 비즈니스〉 2000년 9월호)
- 〈해외 시장의 포트폴리오 분석〉 (판카즈 게마와트 〈DIAMOND 하버드 비즈니스 리뷰〉 2002년 1월호)
- 〈대기업의 신규 사업 매니지먼트〉 (데이비드 A 가빈, 린 C 레베스크 〈DIAMOND 하버드 비즈니스 리뷰〉 2007년 8월호)
- 〈상사를 매니지먼트하다〉 (존 P 코터, 존 J 가바로 〈DIAMOND 하버드 리뷰〉 2010년 5월호)
- Tarun Khanna, Billions of Entrepreneurs: How China and India Are Reshaping Their Futures – and Yours (Harvrad Business Review Press. 2008).
- Louise Story, "After stumbling, Mattel cracks down in China", New York Times, August 29, 2007.

학원문화사 신서

경제가 어려울수록 꼭 필요한 자기경영 보도 섀퍼에게 체계적으로 배우는 확실한 실전 투자기법 !!

228 쪽 / 값 13,000원

- 몸과 마음의 컨디션 난조는 자세가 만든다.
- 기지개는 단 30초만으로 할 수 있는 최강의 건강법
- 틈틈이 '기재개'를 켜는 생활습관을 가져라!

아디포넥틴은 동맥경화, 당뇨, 심장질환, 암을 효과적으로 예방·치료하는 장수호르몬이다.

200 쪽 / 값 12,000원

- 착한호르몬 아디포넥틴의 정체
- 아디포넥틴을 늘리기 위한 습관
- 인슐린의 작용을 도와 '당뇨병'을 막는다.

뇌를 살리는 기적의 처방, 신비의 영양소! 신비의 보조식품!

332 쪽 / 값 14,000원

- 뇌가 갈망하는 음식
- 뇌에 좋은 지방과 나쁜 지방
- 뇌와 심장의 관계
- 약 없이 고혈압을 낮추는 방법

경락 맛사지는 동양 전통 치료의 핵심인 경락을 맛사지에 적용한 신 개념의 맛사지이다.

288 쪽 / 값 15,000원

- 쉽게 배우는 경락맛사지 기초
- 수술없이 예뻐지는 성형 경락 맛사지
- 기의 흐름을 살려주는 생활법&식이요법

오장육부 살리는 약손약발식 대체의학 혁명!

284 쪽 / 값 15,000원

- 뇌와 장을 살리는 한국전통 자연치유 대체요법
- 암, 당뇨, 고혈압, 치매,우울증 등을 자연치유하는 쾌뇌장 힐링요법
- 세계가 주목하는 한국식 맨손 대체의학

21세기 허준,국민 한의사 신재용 선생의 新동의보감!!

520 쪽 / 값 15,000원

- 먹으면 약이 되는 음식
- 기를 살려주는 보약
- 건강한 여성을 위한 음식
- 자녀를 천재로 만드는 음식
- 몸을 보해주는 지압법

세계 최고 EMBA에서 배우는

실전
비즈니스
전략 매뉴얼

초판 1쇄 인쇄 ㅣ 2017년 8월 1일
초판 1쇄 발행 ㅣ 2017년 8월 5일

발행처 ㅣ **북플러스**
발행인 ㅣ 정영국

공동저자 ㅣ 야마사키 유지 · 오카다 미키코
역자 ㅣ 송수진
편집디자인 ㅣ 디자인86
교정 · 교열 ㅣ 편집부
영업 · 마케팅 ㅣ 박용일 부장
원색분해 · 출력 ㅣ OK P&C

주소 ㅣ 서울특별시 구로구 디지털로 288 대륭포스트타워 1차
전화 ㅣ 02)2106-3800 ~ 1
팩스 ㅣ 02)584-9306
등록번호 ㅣ 제25100-2015-000019호
ISBN ㅣ 978-89-19-20583-9
북플러스 2017 printed in korea